Martin Stiefenhofer · Kirsten Straßmann

Feste für kleine Gäste

Ideen rund ums Jahr
für Kinder aller Altersstufen

Weltbild

 INHALT

Tipps für ein perfektes Gelingen

Ein super Fest!«, »War ja echt toll!« – damit alle Gäste die Party begeistert verlassen und auch Sie als Veranstalter noch lange gern an Ihr Fest zurückdenken, sollten Sie ein paar einfache Tipps beherzigen, die im Folgenden aufgeführt sind.

Organisation

☆ Verschicken Sie die Einladungen rechtzeitig im Voraus, und bitten Sie um Rückantwort, so können die benötigten Mengen an Material und Zutaten für Speisen und Getränke besser abgeschätzt werden.

☆ Wenn Kinder von ihren Eltern gebracht und wieder abgeholt werden müssen, sollten Sie neben dem Beginn auch das Ende des Festes bekannt geben.

☆ Weniger ist oft mehr, und vor allem kleinere Kinder sind mit viel Besuch überfordert. Zu Kindern im Vorschulalter sollten nicht mehr als fünf Gäste kommen, und auch bei Zehn- bis Zwölfjährigen sind maximal zwölf bis vierzehn Gäste genug.

☆ Ein Kinderfest sollte nicht allzu lange dauern, auch wenn es noch so schön ist. Ein Zeitraum von zwei Stunden bei kleineren Kindern bis vier Stunden bei größeren ist ausreichend für Spaß und Spiel.

☆ Es empfiehlt sich, mit größerem Vorlauf Material zu sammeln, das beim Fest gebraucht werden könnte, also etwa Pappkar-

tons, Wollreste, Eierschachteln und so weiter. Das Anlegen einer Klamottenkiste, die für ein Fest zur Fundgrube wird, sollte ebenfalls von langer Hand geschehen. Aber auch kurzfristig lassen sich im Bekannten- und Verwandtenkreis noch Stoffreste und alte Kleider organisieren.

Ablauf und Besonderheiten

☆ Das bevorstehende Fest ist das Fest Ihres Kindes. Planen Sie es also gemeinsam! Bestimmen Sie das Thema zusammen mit Ihrem Kind, und beschließen Sie, wer eingeladen wird. Auch bei der Beschaffung der Materialien und beim Raumschmuck sollten Sie Ihr Kind mit einbeziehen oder ihm – je nach Alter – die meisten Aufgaben übertragen.

☆ Der Festablauf sollte zwar strukturiert, aber nicht allzu eng vorgeplant werden. Ess- und Trinkpausen werden je nach Bedürfnis der Gäste eingelegt. Erwachsene sollten möglichst selten ins Geschehen eingreifen, vor allem bei älteren Kindern, die Zeitdauer und Ablauf der Spiele selbst bestimmen und umgestalten können. Bei kleineren Kindern empfiehlt es sich manchmal, steuernd einzugreifen und zwischendurch ein ruhigeres Spiel zu initiieren.

☆ Erinnerungsfotos sind ein besonders schönes Mitbringsel von einer lustigen Feier. Am besten schießen Sie während des Festes überraschend ein paar Fotos von allen Kindern mit der Sofortbildkamera.

☆ Auch alte T-Shirts, auf die sich die Gäste gegenseitig etwas aufmalen oder die sie signieren und mit einem Spruch versehen, können ein tolles Andenken an ein gelungenes Fest sein.

☆ Die Sonderstellung des Geburtstagskindes beziehungsweise des einladenden Kindes sollte nicht allzu stark betont werden. Bei manchen Spielen bietet es sich an, das Geburtstagskind beginnen oder eine begehrte Rolle zuerst spielen zu lassen.

Ansonsten zeigt eine besondere Tischdekoration oder beispielsweise ein schön geschmückter Stuhl als »Geburtstagsthron« an, dass hier der Gefeierte sitzt.

☆ Beginnen und vor allem beenden Sie die Party mit einem »Paukenschlag«. Wenn alle Kinder da sind, wird beispielsweise ein Zeittor durchschritten oder ein (Geburtstags-)Lied gesungen. Nun wissen alle: Es geht los. Auch der Abschluss sollte gemeinsam gefeiert werden, zum Beispiel mit einem gemeinsamen Tanz, indem die Kerzen ausgepustet werden oder das Feuer mit Wasserpistolen zum Verlöschen gebracht wird.

Geschenke für alle

Auch und gerade weil Ihr Kind als Geburtstagskind und Gastgeber Geschenke bekommt, sollten alle anderen Kinder ebenfalls eine kleine Überraschung erhalten. Entweder liegt nett verpackt auf dem Platz jedes Kindes eine Kleinigkeit, oder aber Sie bereiten eine Geschenkgirlande vor, die in den Festraum gehängt wird. Dazu verpacken Sie Kleinigkeiten wie Glasmurmeln, witzige Radiergummis, Klebebildchen, Süßigkeiten und so weiter in möglichst gleich große Päckchen, die Sie mit Geschenkpapier und einer Schleife umwickeln. Diese Überraschungspäckchen werden an einer Schnur befestigt, die noch mit aufgeblasenen Luftballons und Luftschlangen geschmückt werden kann. Im Verlauf der Party dürfen nach und nach alle Kinder als Haupt-, Neben- und Trostpreise ein kleines Päckchen oder sogar mehrere von der Girlande nehmen. So geht keiner unbeschenkt und enttäuscht nach Hause.

Kunterbunter Maskenball

Das Frühjahr – wenn mit Lärm der Winter vertrieben und mit vergnüglichem Klamauk wärmere Jahreszeiten herbeigelockt werden – ist die Zeit für Verkleidungsfeste und Maskenbälle. Auch der Beginn der Fastenzeit geht mit dem traditionellen Fastnachtstreiben einher, bei dem Jung und Alt sich nach Lust und Laune verkleiden. Mit Hilfe von Masken und Kostümen in ein anderes Ich zu schlüpfen und zu schauspielern, macht allen Kindern großen Spaß. Dabei ist es nicht wichtig, eine bis ins Detail perfekte Kostümierung zu haben. Das gemeinsame Wühlen in der Klamottenkiste und das gegenseitige Schminken tragen mehr zum Gelingen des Festes bei als fertig vorbereitete Masken. Damit die Kinder ihre Fantasie und ihren Kostümierungsdrang ausleben können, sollte ein umfangreicher Fundus an Stoffen, Gardinen, alten Kleidern, Schuhen und Ähnlichem vorhanden sein.

Dekoration und Vorbereitung

Material

buntes Papier (gebrauchtes Geschenkpapier), Stoffreste, Schere, Schnur, Klebstoff, Tacker, Pappteller, Wollreste

U m einem Maskenball den gebührenden Raum zu verschaffen, sollte ein Zimmer möglichst leer geräumt werden. In diesem »Ballsaal«, an dessen Rand Tische mit Snacks und Getränken sowie Stühle zum Ausruhen aufgestellt sein können, findet das Geschehen statt.

Für den Maskenball werden Girlanden aus buntem Papier und Stoffresten gefertigt. Das Papier wird in der Mitte gefaltet, dann werden Dreiecke und Halbkreise ausgeschnitten, die anschließend über eine Schnur gehängt und deren Flächen mit einem Tropfen Klebstoff aneinander geklebt werden. Aus den Stoffresten werden ebenfalls verschiedene Formen geschnitten, bevor sie am oberen Ende über die Schnur geschlagen und mit einem Tacker festgeklammert werden. So entstehen lange, bunte Dekogirlanden, die man quer durch den ganzen Festraum spannt. Außerdem schmücken einfache, bunte Masken den Raum. Dazu werden Pappteller mit Löchern für Augen und Nase versehen, mit dünnen Papierstreifen als Wimpern oder Wollfäden als Haare beklebt und an einer Schnur aufgehängt.

Kronleuchter

Material

Transparentpapier in Hellblau und Gelb, Pappe, Klebstoff, Perlonfaden, Schere, Reißzwecken

I m Handumdrehen wird aus der gewöhnlichen Deckenlampe ein schillernder Kronleuchter, der den Ballsaal in edles Licht taucht: Aus dem Transparentpapier werden verschieden große runde und eckige Formen geschnitten. Die Ränder werden mit dünnen Pappestreifen verstärkt, damit die so entstandenen Leuchterkristalle sich nicht zusammenrollen. Mit dem Perlonfaden werden die Kristalle dann aneinander gehängt, sodass etwa 30 bis 50 Zentimeter lange Schnüre entstehen, die nun mit Reißzwecken neben die Deckenlampe gehängt werden können. Ein paar längere Schnüre werden im großen Bogen an zwei gegenüberliegenden Seiten der Lampe befestigt. So kann sich das Licht wie bei einem Kronleuchter nach allen Seiten verteilen.

Einladungskarte

Auf den Tonkarton wird der Umriss einer Augenmaske gezeichnet und ausgeschnitten. Dann wird die Maske fantasievoll bunt bemalt – mit schön geschwungenen Wimpern, geschminkten Augenrändern – und mit Glitzerstaub verziert. Zum Schluss werden links und rechts zwei kleine Löcher in die Maske gestochen, durch die ein Stück Gummiband geführt wird. So kann die Maske aufgesetzt werden. Auf ein anderes Stück hellen Tonkarton wird die Einladung zum Maskenball in schöner Schrift mit geschwungenen Buchstaben geschrieben. Die Ränder der Einladungskarte werden bemalt und ebenfalls mit Glitzerstaub verziert.

Dann wird jede Einladung mit einer Maske verschickt, die der Gast bei Erscheinen tragen muss. Das einladende Kind trägt zum Fest natürlich eine glitzernde Augenmaske, die ganz mit Goldpapier überzogen und herrlich ausgestaltet ist.

Material

Tonkarton in verschiedenen Farben, Goldpapier, Schere, Buntstifte, Glitzerstaub, Gummiband

Edle Trinkkelche

Zu Beginn des Fests gestaltet sich jeder Partygast sein eigenes edles und originelles Trinkgefäß. Dafür wird ein Plastikbecher umgedreht und ein zweiter auf den Boden des ersten geklebt. Der so entstandene Trinkkelch kann nun mit Alu- oder Goldfolie oder mit buntem Papier umwickelt und nach Belieben gestaltet werden. Der obere Rand wird freigelassen, damit man ungehindert aus dem Kelch trinken kann. Zum Schluss kann der Kelch noch mit bunten Knöpfen oder Strasssteinchen verziert werden.

Material

Plastikbecher, Klebstoff, Alu- und Goldfolie oder buntes Papier, Schere, bunte Knöpfe oder Strasssteinchen

Gemeinsames Verkleiden

Zu Beginn des Festes, wenn alle Kinder eingetroffen sind, wird eine große Verkleidungsaktion gestartet. Die Gäste suchen sich aus den verschiedenen Kleidungsstücken und Stoffresten Sachen heraus, die ihnen gefallen. Ganz egal, ob elegant und glitzernd oder betont lässig und in grellen Farben, jeder darf sich so kleiden, wie es ihm gefällt. Die Kinder helfen sich gegenseitig beim Raffen und Hochbinden, beim Umschlagen und Zusammenstecken der Stoffe. Am besten finden dabei Tücher oder Kordeln Verwendung. Sicherheitsnadeln müssen so angebracht sein, dass sie nicht unter Spannung stehen, aufspringen und jemanden verletzen können.

Schmuck für die Ballgäste

Neben altem Modeschmuck, der sich in manchen Haushalten findet und von den Gästen mitgebracht werden kann, kommen selbst gebastelte Schmuckelemente zum Einsatz. In buntes oder möglichst glänzendes Papier eingewickelte Bonbons werden zu süßen Ketten zusammengetackert, die in verschiedenen Längen um den Hals gelegt werden. Styroporflocken aus Verpackungen werden bemalt und an einem farbigen Bastfaden, der mit Hilfe einer Sticknadel durch die Flocken gestochen wird, aufgereiht. Auch Büroklammern lassen sich aneinander hängen und so zu langen »Silberketten« verarbeiten. Für Ringe und Armbänder werden Streifen aus Alufolie zusammengerollt und zu verschieden großen Ringen gewickelt.

Pappnasen

Kinder, die keine Maske tragen möchten, können sich schnell noch eine einfache Pappnase basteln. Dazu werden die Vertiefungen beziehungsweise Trennspitzen von Eierschachtelböden ausgeschnitten; so entstehen spitze und flache Pappnasen. Jeder darf seine Nase in einer anderen Farbe bemalen. Damit man durch die eigene Nase noch Luft bekommt, wird in die Unterseite der Pappnase eine Kerbe geschnitten. Mit einem Gummiband versehen, lässt sich die Pappnase am Kopf befestigen.

Material
Eierschachteln, Schere, Wasserfarben, Gummiband

Ballonpärchen

Mit der Verkleidung nimmt jeder Gast auch einen neuen Namen an, den er sich selbst ausdenkt oder der zusammen mit den anderen ausgetüftelt wird. Wenn jeder einen neuen Namen hat, werden Luftballons aufgeblasen, zugeknotet und mit den Namen beschriftet. Dann werden die Ballons hochgeworfen und durcheinander gewirbelt. Das Geburtstagskind fängt nacheinander immer zwei Ballons. So werden die Paare für die Spiele, die zu zweit durchgeführt werden, bestimmt.

Material
Luftballons, wasserfeste Stifte

Große Polonaise

Fertig verkleidet, maskiert und geschminkt treten alle zur großen Polonaise im Ballsaal an. Dazu läuft nicht allzu schnelle Musik, zu der man ruhig schreiten kann. Angeführt wird die Polonaise natürlich vom Geburtstagskind und seinem Partner (das kann auch ein Elternteil sein), der mit ihm die Polonaise eingeübt hat. In der Polonaise gehen die Kinder paarweise nebeneinander.

Großer Kreis (paarweise)

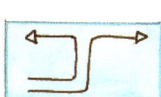
Paare teilen sich

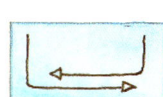
Aneinander vorbeigehen

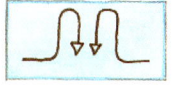
Die Paare treffen sich und bilden einen Tunnel

Die Paare biegen abwechselnd links und rechts ab

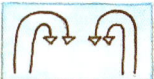
Viererreihen

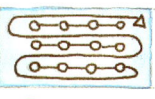
Irrgarten

Schlange

Schnecke

Großer Kreis

Das Geld liegt auf der Straße

Material
Luftballons,
viele Knöpfe

Die Pärchen finden sich zusammen. Jede der Zweiergruppen hat einen aufgeblasenen und einen zugeknoteten Luftballon. Nun werden im ganzen Raum Knöpfe auf dem Boden verteilt, die Geldmünzen darstellen sollen. Natürlich muss man das Geld aufheben, wenn es schon so »auf der Straße« liegt.

Die Pärchen nehmen dazu den Luftballon zwischen ihre Stirn und sammeln die Geldstücke ein, ohne den Luftballon fallen zu lassen. Vorsichtig gehen beide gleichzeitig in die Knie und greifen mit beiden Händen nach den Münzen. Der Luftballon darf nur mit der Stirn gehalten werden – aber nicht zu fest drücken, sonst platzt er! Fällt der Luftballon auf den Boden, muss auch das bereits gesammelte Knopfgeld wieder auf den Boden verteilt werden. Wenn alle Geldstücke aufgelesen sind, darf jedes Paar zählen, wie viele es ergattert hat.

Besteckmikado

Material
möglichst viele
Besteck-
teile

Die Besteckteile werden in der Mitte des Raums aufgehäuft. Messer, Gabeln, Löffel, Kuchengabeln, Teelöffel, aber auch Mixerstäbe oder Schneebesen liegen wild durcheinander. Alle Kinder versammeln sich um den Besteckberg, und dann darf eines beginnen und vorsichtig ein Teil nach dem anderen von diesem Haufen wegnehmen – aber nur solange das absolut lautlos geschieht. Sobald ein Klimpern oder Klingen zu hören ist oder gar ein Besteckteil herunterfällt, ist der nächste Mitspieler an der Reihe. Wer am Ende die meisten Besteckteile lautlos vom Besteckhaufen genommen hat, ist Sieger und bekommt ein »großes« Geschenk. Alle anderen Mitspieler erhalten kleinere Geschenke.

Die klingende Kette

Wir tre-ten auf die Ket-te, dass die Ket-te klingt.
Wir ha-ben ei-nen Vo-gel, der so lieb-lich singt.

Singt so klar wie ein Star, hat ge-sun-gen sie-ben Jahr.

Sie-ben Jahr sind um, die »Su-si« dreht sich um.

Tanzspiele können bei gutem Wetter im Freien oder bei schlechtem Wetter im Ballsaal durchgeführt werden.

Alle Ballgäste halten sich an der Hand und bilden einen großen Kreis. Dann wird das Lied gesungen, und alle hüpfen im Kreis. Wenn an der entsprechenden Stelle am Liedende der Name eines Kindes genannt wird, dreht sich dieses Kind um und läuft mit dem Gesicht nach außen in der klingenden Kette mit. Nach und nach drehen sich alle um, und so ist die ganze Kette gewendet.

Ballorchester

Da beim Maskenball getanzt und auch Musik gemacht wird, braucht man Musikinstrumente: einen Topf, auf den mit Kochlöffeln getrommelt wird, zwei Topfdeckel, die zum Tusch zusammengeschlagen werden, ein Glas, halb gefüllt mit getrockneten Erbsen oder Linsen als Rassel, verschiedene Glöckchen, die mit einer Schnur zu einem Schellenband verbunden werden, ein Metallsieb, über das man mit der Gabel fahren kann, und einen Kamm, der mit Butterbrotpapier umwickelt wird. Wenn man das Papier leicht mit den Lippen berührt und eine Melodie summt, hört sich das erstaunlich gut an. Es können aber auch andere unzerbrechliche Haushaltsgegenstände auf ihre Tauglichkeit als Instrumente getestet werden. Das Ballorchester spielt so, dass alle Instrumente zur Geltung kommen.

Material
Töpfe mit Deckeln, Glas mit Deckel, getrocknete Erbsen oder Linsen, Glöckchen, Metallsieb, Kamm, Butterbrotpapier, Schnüre, Kochlöffel und verschiedene andere klingende Haushaltsgegenstände

Zahlenkaiser

Material
pro Mitspieler ein
oder zwei Würfel

Das Geburtstagskind beginnt und ist der erste Zahlenkaiser. Der Zahlenkaiser gibt nun jedem Ballgast nacheinander vor, welche Zahl er würfeln muss (zwischen 1 und 6 bei einem, zwischen 2 und 12 bei zwei Würfeln). Der Ballgast hat nur einen einzigen Versuch und muss die geforderte Zahl auf Anhieb würfeln. Schafft einer der Ballgäste das tatsächlich, ist der Kaiser entthront, und er selbst ist Zahlenkaiser und gibt dem entmachteten Kaiser seinen Würfel.

Flohfänger

Als noch echte, große Maskenbälle veranstaltet wurden, hopsten Flöhe durch Röcke, Hemden und Perücken. Klar, dass die geplagten Menschen versuchten, die Flöhe zu fangen. Einem Ballbesucher werden als Flohfänger die Augen verbunden, alle anderen sind Flöhe. Der Flohfänger muss versuchen, die Flöhe zu fangen. Die Flöhe dürfen aber nur mit beiden Beinen gleichzeitig hopsen und nur jeweils zehn Hopser machen. Dann kauern sie sich auf den Boden und hoffen, dass der Flohfänger sie nicht erwischt. Wer als letzter Floh gefangen wird, ist in der nächsten Runde der Flohfänger.

Ins Schwarze treffen

Die Ballgäste werden in zwei gleich große Gruppen eingeteilt, und jeder bekommt einen Tischtennisball.

Dann werden die Vertiefungen der Eierkartons schwarz bemalt und die Kartons auf den Boden gestellt. Von einer Wurflinie aus, die etwa zwei Meter vor dem Karton gezogen wird, versucht nun ein Gast nach dem anderen, seinen Tischtennisball in eine der Vertiefungen zu werfen. Die Gruppe, die ihre sechs oder zehn Vertiefungen als Erste mit Bällen besetzt und damit am schnellsten ins Schwarze getroffen hat, hat gewonnen.

Schlussumzug

Nach einer weiteren Tanzrunde und zum Abschluss des Maskenballs stellen sich alle Ballgäste in einer langen Reihe hintereinander auf. Sie fassen jeweils den Vordermann an den Schultern und ziehen durchs ganze Haus. Dann versammeln sie sich an der Garderobe und legen ihre Masken und Verkleidungen ab.

Des Kaisers Schmarrn

Die Eier vorsichtig in Eigelb und Eiweiß trennen. Das Eiweiß steif schlagen und zum Schluss den Zucker einrieseln lassen. Die Butter zerlassen und unterziehen. Eigelb mit Milch verquirlen, Rosinen, Mehl, Salz und Quark unterrühren. Einen Löffel Butterschmalz in einer Pfanne erhitzen, ein Viertel des Teigs dazugeben und bei mittlerer Hitze backen, bis die Unterseite goldbraun ist. Wenden und die andere Seite eine Minute lang bräunen, mit dem Pfannenwender zerteilen und warm stellen. Danach die anderen drei Teigportionen ausbacken, alles mit Puderzucker bestäuben und als deftig süßen Schmaus den Ballgästen servieren.

Zutaten
8 Eier, 4 EL Zucker, 4 EL Butter, $1/2$ l Milch, 200 g Mehl, 50 g Rosinen, Salz, 250 g Magerquark, 4 EL Butterschmalz, 4 EL Puderzucker

Ballcocktail

Einen oder zwei Eiswürfel in ein hohes, schmales Glas geben. So viel Bananensaft einfüllen, dass die Eiswürfel bedeckt sind. Dann vorsichtig Kirschsaft aufgießen – die Säfte sollten sich nach Möglichkeit nicht mischen. Dieser zweifarbige Cocktail wird in den hohen Gläsern mit Trinkhalmen serviert und bleibt durch die Eiswürfel lange frisch. Als Dekoration kann noch eine Kirsche über den Glasrand gehängt werden.

Zutaten
Eiswürfel, 2 l Bananensaft oder Bananennektar, 2 l Kirschsaft, Trinkhalme

Frühlingsfest

Wenn der Frühling in der Luft liegt, laue Lüftchen wehen, das frische Grün schon üppig sprießt und die bunte Blütenpracht der Blumen sich entfaltet, erwacht bei uns allen und vor allem bei Kindern die Lust, nach den trägen Tagen des Winters aktiv zu sein und ein freudiges Frühlingsfest zu veranstalten.

Der Frühling verwöhnt uns oft mit sonnigen und warmen Tagen, aber gegen Abend wird es noch empfindlich kühl. An einem schönen Frühlingstag zieht es also alle nach draußen, zu aktionsreichen Spielen unter freiem Himmel. Der Beginn und ein großer Teil des Frühlingsfests sollte jedoch im Haus stattfinden.

Bei einem Frühlingsfest spielen Tiere, Pflanzen und überhaupt die Natur eine wichtige Rolle, und so findet das Thema vor allem bei kleineren Kindern Anklang. Sie bestaunen die Blütenpracht des Frühlings und freuen sich über die Rückkehr der Vögel und deren überschwänglichen Gesang.

Dekoration und Vorbereitung

Material
hellgrüne Tisch-
decken (gefärbte
Bettlaken oder
Krepppapier),
Wasserfarben,
Konfetti,
Frühblüher und
blühende Zweige,
große und kleine
Vasen, hellblaues
Krepppapier,
Reißzwecken,
gelber Tonkarton,
Schnur, Schere

Fröhlich bunte Blumen, Schmetterlinge, Vögel und Maien-
kränze schmücken den Festraum. Die Tische sind mit
hellgrünen Tischdecken bedeckt, auf denen sich Käfer
tummeln und Blümchen sprießen (diese können von den
Kinder aufgemalt werden). Als Blütenblätter werden Konfettischnipsel auf den Tischen verstreut. Lange Schmetter-
lings-Girlanden (–> Seite 19) ziehen sich durch den Raum.
Frühblüher wie Narzissen, Tulpen, aber auch Apfel- und Kirsch-
baumzweige werden in Vasen gestellt und im Raum verteilt. Die
Zimmerdecke verwandelt sich in einen frühlingsblauen Himmel
aus hellblauen Krepppapierbahnen, die mit Reißzwecken befestigt werden. Darunter hängt eine runde Sonne aus gelbem Tonkarton.

Für die Spiele im Freien wird vorab ein passendes Areal ausgesucht – im Garten, im nahen Stadtpark oder am Waldrand. Alles
Benötigte wird im Handwagen mitgeführt, der Auf- und Abbau
des Spielmaterials wird ins Spielgeschehen mit einbezogen.

Frühlingskäfer

Material
rotes, schwarzes
und braunes Ton-
papier, Filzstifte,
Schere, Klebstoff,
Wäscheklammern
aus Holz

Auf Tonpapier werden Umrisse von Käfern gezeichnet,
die etwa so lang wie eine Wäscheklammer sein
sollen: Rot und eher rund sind die Marienkäfer,
braun die Maikäfer. Dann werden aus schwar-
zem Tonpapier die Köpfe, Fühler und Beine
der Käfer geschnitten und an die Körper
geklebt. Schließlich bekommen die Marienkäfer ihre charakteristischen schwarzen Punkte
und die Maikäfer die schwarz-braunen Flügel-
decken aufgemalt. Zum Schluss wird jeder Käfer
auf eine Wäscheklammer geklebt, sodass man
ihn an der Dekoration, an den Kleidern
und so weiter befestigen kann.

Einladungskarten

Einige Tage vor dem Verschicken der Einladungen werden Wiesenblumen, -kräuter und -gräser gepflückt und unter schweren Büchern zwischen Zeitungspapier gepresst. Der Tonkarton wird auf Postkartenformat geschnitten, und mit ein paar getrockneten Blumen, Kräutern und Gräsern wird ein Frühlingssträußchen oder eine kleine Wiese arrangiert. Mit Buntstiften gezeichnete Schmetterlinge und Bienen umschwirren die Blüten fröhlich. Eine Sonne aus gelbem Tonpapier komplettiert die Szene. Auf die Rückseite der Karte kommt der Einladungstext. Nicht fehlen darf hier der Hinweis, dass die Kinder regenfeste Kleidung tragen sollten, da der Frühling auch draußen in Augenschein genommen werden wird.

Material

Zeitungspapier, schwere Bücher, hellblauer und gelber Tonkarton, getrocknete und gepresste Blumen, Kräuter und Gräser, Klebstoff, Schere, Buntstifte

Schmetterlingsgirlanden

Aus dem möglichst großformatigen Papier werden gleich hohe Streifen geschnitten und wie eine Ziehharmonika auf eine einheitliche Breite zusammengefaltet. Auf die oberste Fläche wird nun ein Schmetterling gemalt, der mit den Flügeln an beide Seitenränder stößt. Entlang dieser einfachen Schablone wird nun geschnitten, sodass sich beim Auseinanderziehen des Papierstreifens eine Schmetterlingsgirlande ergibt. Mehrere solcher Girlanden werden aneinander geklebt. Zum Schluss bemalen die Kinder die Schmetterlinge und hängen sie dann im Raum auf.

Material

Papier, Schere, Klebestreifen, Buntstifte

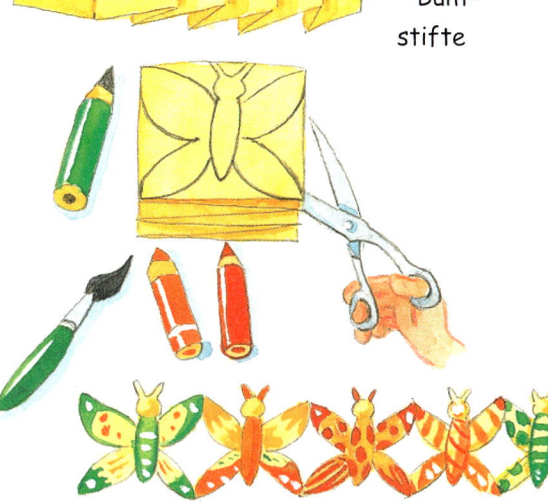

Zweifarbige Blumen

Zu Beginn des Fests bekommt jedes Kind eine Blume und zwei Becher. Die Becher werden mit Wasser gefüllt. Der Stängel der Blume wird ein Stück längs mit dem Messer geteilt und jede Hälfte in einen Wasserbecher gestellt. Das Wasser in den beiden Bechern wird nun mit verschiedenen Lebensmittelfarben eingefärbt, etwa mit Rot und Blau oder Gelb und Grün. Dann werden die Blumen beiseite gestellt. Am Schluss des Festes werden die Blüten die Farbpartikel aus dem Wasser aufgenommen haben und in den beiden Farbtönen eingefärbt sein.

Lutscher-Schmetterlinge

Auf den Tonkarton werden große Schmetterlingsflügel gezeichnet. Dann schneiden die Kinder die Schmetterlingsflügel aus und verzieren sie mit Buntstiften. Zusätzlich können Konfettischnipsel mit einem Klebstoffklecks auf den Flügeln befestigt werden. Als Körper wird zum Schluss ein Lutscher mit Klebestreifen zwischen die Flügel geklebt – fertig ist der süße Schmetterling.

Blütenblätter sammeln

Auf dem Tisch verteilt liegen Konfettischnipsel, die bunte Blütenblätter darstellen. Jedes Kind bekommt nun einen Trinkhalm und ein Schüsselchen. Auf ein Startzeichen hin versuchen alle, mit dem Trinkhalm möglichst viele Konfettischnipsel anzusaugen und in ihr Schüsselchen zu befördern. Die Hand darf nicht zu Hilfe genommen werden! Nach einer bestimmten Zeit wird das Spiel beendet und geschätzt, wer am meisten Konfettischnipsel gesammelt hat. Dann nimmt jeder seine Schnipsel in die Hand und wirft sie hoch in die Luft; so entsteht ein bunter Blütenblätterregen.

Schmetterlingstanz

Schmet-ter-ling, du klei-nes Ding, such dir ei-ne Tän-ze-rin! Juch-
hei-ras-sa, juch-hei-ras-sa, oh, wie lus-tig tanzt man da,
lus-tig, lus-tig wie der Wind, wie ein klei-nes Blu-men-kind,
lus-tig, lus-tig wie der Wind, wie ein Blu-men-kind.

Mit ihrem Schmetterling in der Hand führen nun alle Fest-gäste den Schmetterlingstanz auf. Gemeinsam wird das Lied gesungen, und alle laufen mit ihrem Schmetterling in der Hand im Kreis in einer Richtung. Dann wird das Lied wiederholt und die Laufrichtung gewechselt.

Wasser-Xylophon

Die Gäste werden in zwei gleich große Gruppen eingeteilt. Jede Gruppe bekommt fünf leere Gläser und einen Krug mit Wasser. Die Gläser werden nebeneinander aufgestellt, und nun muss jede Gruppe versuchen, die Gläser mit so viel Wasser zu füllen, dass sie die Melodie von »Hänschen klein« (fünf ver-schiedene Töne) spielen kann. Mit dem Kochlöffel werden die Gläser leicht angeschlagen, um zu überprüfen, ob die Tonhöhe stimmt. Zum Schluss trägt jede Gruppe die Melodie von »Häns-chen klein« vor und singt dabei folgenden Text:

Material
Gläser,
Wasserkrüge,
Kochlöffel aus Holz

> Frühlingstag, Frühlingstag, o wie ich dich gerne mag!
> Sonnenschein strahlt herein, o wie ist das fein.
> Bienen summen, Blumen blühn, das ist herrlich anzusehn.
> Frühlingstag, Frühlingstag, o wie ich dich mag!

21

Fleißige Bienen

Material

2 alte Hosen
(so groß, dass die
Kinder sie über
ihre Kleider
ziehen können),
Klettband, viele
Wattepads,
2 Eimer

An das Gesäß der beiden Hosen werden zwei Klettband-Flächen in der Größe von etwa einem Bierdeckel genäht. Außerdem werden die Hosenbeine abgeschnitten, sodass diese Bienenhose schnell an- und ausgezogen werden kann.

Die Kinder teilen sich in zwei gleich große Gruppen und stellen sich in zwei Reihen auf. Die Wattepads werden je zur Hälfte in zwei Ecken des Zimmers aufgehäuft, die Eimer stehen in den beiden anderen Zimmerecken. Die beiden Wattehäufchen stellen zwei Blumenwiesen dar, die Eimer stehen für Bienenstöcke. Das erste Kind jeder Gruppe zieht sich nun die Hose an und ist somit die Biene. Auf ein Startzeichen hin laufen die beiden Kinder los, jedes zu »seiner« Blumenwiese. Dort setzt es sich so auf die Wattepads, dass möglichst viele von ihnen an den Klettflächen hängen bleiben. Die Hände dürfen hier nicht zu Hilfe genommen werden. Dann läuft das Bienenkind zu seinem Eimer und streift die gesammelten »Blütenpollen« mit den Händen hinein. Nun kehrt es zurück zu seiner Gruppe und übergibt die Bienenhose dem nächsten Kind. Das Spiel ist beendet, wenn alle Kinder einmal als Biene Pollen gesammelt haben. Zum Schluss wird gezählt, welches Bienenvolk fleißiger war und mehr Wattepads gesammelt hat.

Das große Spinnennetz

Material

ein großes
Knäuel Wolle

Im Freien auf einer mit Bäumen bestandenen Wiese oder am Waldrand lässt sich mit dem Wollknäuel ein großes Spinnennetz weben. Gemeinsam wird der Wollfaden an einem Ast eines Baums oder Strauchs befestigt und dann zu weiteren Ästen und Bäumen geführt, hin und wieder zurück, bis ein richtiges Spinnennetz entsteht. Wenn das Wollknäuel aufgebraucht oder das Netz genügend ausgestaltet ist, stellen sich alle Kinder auf eine Seite des Gebildes.

Ein Kind nach dem anderen muss nun im Slalom durch das Netz krabbeln, ohne die Fäden zu berühren. Je nach Netzstruktur sind bis zu zehn Berührungen gestattet, bevor die Spinne kommt. Das Kind muss dann so lange im Netz verharren, bis es von einem nachfolgenden erlöst wird. Haben alle Kinder es geschafft, auf die andere Seite des Spinnennetzes zu kommen, wird der Wollfaden wieder abgenommen.

Frühlingsregenmacher

Eine Schnur wird zwischen Bäumen in etwa zwei Meter Höhe gespannt. An der Schnur hängen Luftballons, die mit Wasser gefüllt und zugeknotet wurden. Ein Mitspieler nach dem anderen läuft nun mit aufgespanntem Schirm unter den Ballons durch und versucht bei jedem Ballon, ihn von unten zu treffen und zum Platzen zu bringen, gleichzeitig jedoch so im Schutz des Schirms zu bleiben, dass er nicht nass wird. Gelingt ihm das, ist er ein erfolgreicher Frühlingsregenmacher, und er kann sofort umkehren, damit das nächste Kind an der Reihe ist.

Material
Luftballons, Wasser, Schnur, Stockschirm

Blütenschmuck

Kränze und Ketten aus Blumen und Blütenköpfen lassen sich auf verschiedene Weise herstellen. Ein einfacher Blütenring entsteht, wenn der Stängel hochgebogen und durch einen Spalt im oberen Stängelteil geschoben wird. Oder aber die Blumenstängel werden etwas aufgeschlitzt und die Blumen so ineinander gesteckt, dass lange Blütenschnüre entstehen. Diese kann man miteinander verflechten, sodass ein toller Blütenkranz daraus wird. Blütenköpfe lassen sich aber auch mit Nadel und Faden aneinander reihen. Ein kleiner Knoten vor und hinter jeder Blüte verhindert ein Verrutschen.

Material
Blumen, Stopfnadeln, stabiler Faden

23

Überraschungsball

Das Seil wird zwischen zwei Bäumen in etwa zwei Meter Höhe gespannt. Dann wird das Bettlaken mit den Wäsche-klammern als Sichtschutz daran befestigt. Die Kinder teilen sich in zwei gleich große Gruppen und stellen sich auf beiden Seiten des Bettlakens auf. Eine Seite beginnt und schleudert den Ball auf die andere Seite des Bettlakens. Dort taucht der Ball überra-schend auf und muss von einem der Gruppenmitglieder gefan-gen werden. Fällt der Ball auf den Boden, gibt es einen Punkt für die gegnerische Gruppe. Die Gruppe, die nach einer festge-legten Spielzeit am meisten Punkte hat, wird von der anderen Gruppe mit Blütenkränzen (–> Seite 23) geschmückt.

Frühlingsbilder suchen

Immer zwei Kinder finden sich zusammen und bekommen eine oder zwei alte Zeitschriften. Nun gibt der Spielleiter ein Motiv vor, das etwas mit Frühling zu tun hat und das alle finden müssen, etwa: gelbe Blumen oder: eine Sonne oder: ei-nen Mann in kurzer Hose. Wer das entsprechende Motiv gefun-den hat, schneidet es aus der Zeitschrift aus. Zum Schluss kann mit diesen Bildern eine große Frühlingscollage geklebt werden.

Feinschmecker-Bienen

In eine Reihe kleiner Trinkgläser werden unterschiedliche Fruchtsäfte gefüllt: Bananensaft, Kirschsaft, Birnensaft, Apfelsaft und so weiter, aber zur Abwechslung auch Mine-ralwasser. Dann dürfen alle Kinder versuchen, ob sie die Geschmacksrichtungen wie echte Fein-schmecker-Bienen unterscheiden können. Die Gläser werden immer wieder vertauscht, sodass die Reihenfolge nicht vom Vorgän-ger abgeschaut werden kann.

Frühlingsfrischer Fitnesssalat

Gemeinsam können die Salate gewaschen und geputzt, die Radieschen geschnitten, die Orangen geschält und die Nüsse geknackt werden. Dann werden die Salatblätter, die geschnittenen Radieschen, die Nusskerne, der klein geschnittene Schnittlauch und die Sultaninen in verschiedenen Schüsseln auf den Tisch gestellt. In einem Krug steht Salatsoße bereit. Nun kann sich jedes Kind in einem eigenen Salatschüsselchen den Fitnesssalat seiner Wahl anrichten.

Zutaten
frische Salate (z. B. Kopf-, Feldsalat), Radieschen, Orangen, Nüsse, Sultaninen, Schnittlauch, Salatsoße

Holunder-Maibowle

In einem großen Topf wird das Wasser zusammen mit dem Zucker aufgekocht. Wenn es wieder abgekühlt ist, werden ungefähr zehn Dolden gewaschene Holunderblüten, die Zitronensäure und die gewaschene und in Scheiben geschnittene Zitrone dazugegeben. Der Sud muss 24 Stunden ruhen und wird dann durch ein feines Sieb abgegossen. Je nach Geschmack kann die Bowle nun noch mit etwas Zitronensaft oder Zucker gesäuert oder gesüßt werden.

Zutaten
5 Liter Wasser, $1/2$ kg Zucker, frische Holunderblüten, 20 g Zitronensäure, 1 unbehandelte Zitrone

Schmetterlings- und Käferkuchen

Mehl, Zucker, Eier und Butter werden zu einem Mürbeteig verarbeitet. Den Teig auf einer bemehlten Fläche etwa einen Zentimeter dick ausrollen und verschieden große Käfer und Schmetterlinge mit dem Messer ausschneiden. Diese Formen werden auf ein mit Backpapier belegtes Backblech gelegt, mit der Gabel etwas eingestochen und im vorgeheizten Backofen bei etwa 200 Grad ungefähr 15 bis 20 Minuten gebacken. Die ausgekühlten Figuren mit geschnittenen Früchten und Smarties garnieren. Zum Schluss werden die Kuchen mit dem angerührten Tortenguss überzogen.

Zutaten
400 g Mehl, 200 g Zucker, 2 Eier, 250 g Butter, verschiedene Früchte wie Äpfel, Trauben, Bananen, Kiwis, Erdbeeren, aber auch Dosenfrüchte, Smarties, klarer Tortenguss

Steinzeitparty

Wie die Menschen in früheren Zeiten gelebt haben, das interessiert und fasziniert alle Kinder. Es ist kaum vorstellbar, dass sich noch vor ungefähr 100 000 Jahren die Neandertaler mit Säbelzahntigern und Mammuts die Erde geteilt haben. Sie waren als Jäger und Sammler unterwegs und führten ein gefährliches, entbehrungsreiches Leben. Das Ursprüngliche dieser Lebensart wird aus heutiger Sicht oft verklärt, doch auch wenn die Steinzeitparty natürlich ein durch und durch lustiges und fröhliches Fest ist, kann sich jeder vorstellen, dass das Leben im Neandertal alles andere als komfortabel war.

Der Reiz einer Steinzeitparty liegt darin, sich in eine längst vergangene Zeit zurückzuversetzen und spielerisch nachzuvollziehen, wie die Menschen damals gelebt und was sie erlebt haben.

Dekoration und Vorbereitung

Naturmaterial
(Steine, Zweige,
Äste, Fell, grob
gewobener Stoff,
Gras, Laub),
Schnur, Karton,
Schere, Wasser-
farben, Zeitungs-
papier, Packpapier,
Kokosnussschalen,
Rindenstück, Rha-
barberblätter

Steinzeitmenschen verwendeten zum Bau ihrer Sommerla
ger Naturmaterial. Der Party-Raum wird also beispielswei
se mit mehreren einfachen Grasbüschel-Girlanden geschmückt
Dazu wird an ein langes Stück Schnur in unregelmäßigen Ab
ständen ein Büschel frisches Gras oder ein kleiner Zweig gekno
tet. Dazwischen können große Mammutknochen von der Decke
hängen: Auf ein Stück Karton werden die Umrisse von Knocher
gezeichnet und ausgeschnitten. Mit weißer Farbe bemalt, seher
sie aus wie die gebleichten Gebeine von großen Tieren. Steine
verschiedener Größe liegen im Festraum und auf den Fenster
bänken verteilt. Vielleicht finden sich im Garten ein paar große
Schwemmkiesel, ansonsten werden Deko-Steine gebastelt
indem zusammengeknülltes Zeitungspapier mit einem Boger
Packpapier überzogen, mit Wasserfarbe grau bemalt und mi
typischen Steinmaserungen und -sprenkelungen versehen wird
Die Wände können mit ein paar großen Bogen Packpapier
behängt werden, die mit typischen Höhlenzeichnungen verzier
sind. Außerdem können Wohnhöhlen aufgestellt werden, die
gemeinsam aus großen Kartons gebastelt wurden.

Als steinzeittypisches Trinkgefäß kann beispielsweise eine
halbierte und an der Sägekante rund geschliffene Kokosnuss
schale dienen. Teller sind entweder saubere Rindenstücke ode
Holzbrettchen, und als Schalen für Knabbereien können große
Rhabarberblätter genommen werden, die zuvor mit einen
feuchten Tuch abgetupft werden.

Der Festplatz im Freien wird ähnlich wie der Festraum mi
Grasgirlanden gestaltet. Zentrum ist eine Feuerstelle, die mi
Steinen befestigt wird. Ergänzend dazu können die Kin-
der in Gruppen, so genannten Clans, einfache
Hütten aus Ästen aufstellen. Sitzbänke aus
Holzstücken oder Kissen aus Kartoffel-
säcken, die mit Gras ausgestopft werden,
sorgen für etwas Gemütlichkeit.

Pappkarton-Höhlen

Während die Steinzeitmenschen die wärmeren Jahreszeiten in Behausungen aus Ästen und Zweigen, Laub oder Tierhäuten verbrachten, die schnell auf- und wieder abgebaut werden konnten, suchten sie sich für die kältere Jahreszeit meist eine Höhle. Solche Höhlen können mit großen Kartons nachempfunden werden. Immer drei oder vier Kinder stellen einen Clan dar, der seine eigene Höhle baut. Dazu wird in einen großen Karton ein Eingangsloch geschnitten. Die Innenwände der Höhle werden mit Tierzeichnungen bemalt, die Außenwände erhalten einen grauen Anstrich.

Material
möglichst große Pappkartons (Fernsehkartons), Schere oder scharfes Messer, Wasserfarben

Einladung

Das Tonpapier wird in der Form einer Tierhaut ausgeschnitten und stellt das Einladungs-Pergament dar. Der Rand wird mit Symbolen wie Speeren, Steinäxten und Keulen verziert, in der Mitte steht der Einladungstext. Verschickt wird die Einladung in einem braunen Umschlag als eilige Nachricht »per Flugechse« oder »Express-Mammut«.

Material
hellbraunes Tonpapier, Schere, Stifte, braune Umschläge

Durch die Zeitpforte

Wenn die Gäste versammelt sind, schreiten alle nacheinander durch die Zeitpforte. Ein normaler Türrahmen wird dazu mit Packpapier beklebt und mit Symbolen aus der Steinzeit versehen. Auf einem Pappschild steht in großen Buchstaben »Willkommen im Neandertal«. Haben die Gäste diese Zeitpforte durchschritten, legen sie Schmuck und Uhren ab. Auch die Schuhe werden ausgezogen. Als Erstes müssen sich die Gäste nun zeitgemäß einkleiden, und das heißt auch, dass sie ihre Kleidung selber machen müssen.

Material
Packpapier, Klebstreifen, Wasserfarben, Pappe

29

Steinzeitkleidung

Material

grober Leinen-
stoff oder ge-
waschene, große
Jutesäcke, Stopf-
nadeln, Scheren,
Bast, Zweige,
Sisalschnur

Jeder Partygast bekommt nun ein großes Stück Leinenstoff oder einen Jutesack und kann sich daraus einen Kittel machen. Damit der Kittel geschlossen werden kann, empfiehlt sich ein Streifen Stoff als Gürtel. Genauso gut aber können kurze Zweigstücke als Knöpfe mit Bast angenäht und durch Knopflöcher geführt werden. Aus Jutesäcken können auch kurze oder lange Hosen hergestellt werden. Als Fußbekleidung dient ebenfalls ein Stück Leinen oder Jute, das um den Fuß gewickelt und über dem Knöchel mit Sisalschnur festgebunden wird. Die Steinzeitmenschen helfen sich gegenseitig beim Schneidern, Nähen und Anprobieren.

Speere, Keulen & Steinäxte

Für Werkzeuge und Waffen verwendete man in der Steinzeit behauene Steine. Scharfkantige, spitz zulaufende wurden zu Speer- oder Pfeilspitzen, Faustkeilen und messer-ähnlichen Schabern, große, flache Steine zu Mahlsteinen oder Steinhämmern. Aus Steinen und Ästen werden mit Hilfe der Schnüre Hämmer und Äxte gebastelt. Statt größere Steine zu zertrümmern und scharfkantige Stücke und Splitter als Speer- und Pfeilspitzen zu nutzen, werden diese auf Pappe gezeichnet, ausgeschnitten und grau bemalt. Dann werden die Pfeilspitzen an kurze, gerade Äste gebunden und die Speerspitzen an lange, gerade Stöcke. Aus bemalter Pappe können auch weitere Steinäxte, Steinhämmer und große Holzkeulen entstehen.

Material

verschiedene
Äste und Stöcke,
Steine, Sisal-
und Haushalts-
schnur, Pappe,
graue Wasser-
farbe, Scheren

Überlebens-Quiz

Steinzeitmenschen waren gute Natur- und Tierkenner. Der Anführer des Clans, das Geburtstagskind also, stellt den anderen Fragen, deren Antworten notiert werden sollen.

1. Wie heißt das Organ der Fische, mit dem Sauerstoff aus dem Wasser aufgenommen wird?　　　　　　　　　Kiemen
2. Welcher Nadelbaum wirft als einziger im Winter die Nadeln ab?　　　　　　　　　Lärche
3. Tiger, Puma, Luchs und Löwe gehören zur Gattung der
   a) Bären　　　　b) Katzen　　　　c) Hunde　　　　Katzen
4. Wie heißen die bunt schillernden, kleinen Vögel, die mit schnellem Flügelschlag in der Luft stehen können und Nektar aus den Blüten saugen?　　　　　　　　　Kolibris
   a) Koalas　　　　b) Kolibris　　　　c) Kakadus
5. Wie heißen die Gebilde, die wie Säulen von der Decke einer Tropfsteinhöhle hängen und aus Kalk bestehen?　　　Stalaktiten
6. Welche Farbe hat die Zunge von Giraffen?
   a) blau　　　　b) weiß　　　　c) rot　　　　blau

Material
Notizblöcke, Stifte

Höhlenzeichnungen

Bei dieser besonderen Zeichentechnik müssen fünf Kinder zusammenarbeiten. An einem Bleistift oder Kugelschreiber werden vier Schnüre befestigt. Ein Kind stellt nun den Stift auf das Zeichenpapier und hält ihn – mit leichtem Druck des Zeigefingers auf das Stiftende – senkrecht. Die anderen vier Kinder nehmen je ein Ende der Schnüre und spannen sie in die vier Himmelsrichtungen. Nun gilt es, den Stift durch Ziehen beziehungsweise Nachgeben der Schnüre über das Papier zu bewegen und so ein Bild (z.B. Knochen, Blatt) zu zeichnen. Die vier Kinder an den Schnüren müssen dabei kooperieren, das fünfte sorgt dafür, dass der Stift nicht umfällt oder allzu schnell einem unbedachten Zug folgt. Nach einer gewissen Übungsphase klappt das ganz gut.

Material
Schnur, Stift, feste Schreibunterlage, Papier

Steinzeittiere würfeln

Ein Stück Würfelzucker wird auf den Seitenflächen wie folgt beschriftet: ein S für Schwanz, K für Körper, KO für Kopf und O für Ohr. Auf die beiden restlichen Flächen kommt ein B für Bein. Jedes Kind erhält einen Stift und ein Blatt Papier. Dann wird abgesprochen, welche Tiere gezeichnet werden sollen. Reihum wird nun mit dem Würfelzuckerstück vorsichtig gewürfelt. Je nachdem, welchen Buchstaben ein Kind würfelt, darf es den entsprechenden Körperteil eines Tiers zeichnen. Wer einen Körperteil gewürfelt hat, den er nicht mehr braucht, setzt aus. Das Spiel ist beendet, wenn alle Gäste ihre Tiere gemalt haben.

Steintürme stapeln

Wenn die Steinzeitmenschen in der Nähe von ausgetrockneten Flussbetten ihr Lager aufschlugen, sammelten sie viele flache Steine und stapelten sie zu hohen Türmen. Alle Kinder teilen sich in Zweier- oder Dreiergruppen auf und suchen die Umgebung nach passenden Steinen ab. Die Steine werden zusammengetragen und zu möglichst hohen Türmen aufgeschichtet. Um diese zu befestigen, dürfen kleine Äste, Erde und Gras benützt werden. Die Gruppe mit dem höchsten Turm darf nun beginnen, aus einem Abstand von fünf Metern einen höchstens pflaumengroßen Stein auf jeden Turm zu werfen, um ihn umzustoßen. Jeder hat nur einen Wurf, dann ist der nächste Mitspieler an der Reihe. Es wird so lange geworfen, bis alle Türme zum Einsturz gebracht wurden.

Kohlezeichnungen

Das Kohlezeichnen wurde bestimmt am Feuer erfunden, und so versammeln sich alle Steinzeitmenschen um eine brennende Kerze. Ein Stück Korken oder ein trockenes Stück Rinde wird vorsichtig über die Flamme gehalten. Es brennt ein wenig, wird dabei aber großflächig schwarz. Ist das Korkstück genug angeschwärzt, kann damit auf ein großes Stück Papier oder einen Karton gezeichnet werden. Deutliche Kanten lassen sich mit dem Rand des Korkens ziehen, Flächen können mit dem flachen Korkenende gemalt werden. Jeder zeichnet nun ein anderes Motiv: ein Blatt, einen Baum, einen Tiger, ein Mammut und so weiter.

Material
Kerze, Flaschenkorken, Papier

Schleppt den Bären!

Die Neandertaler haben auf der Jagd Bären erlegt, und nun kommt es darauf an, die Beute so schnell wie möglich zurück ins Dorf zu bringen. Die Mitspieler teilen sich in zwei gleich große Gruppen auf, und eine Start- sowie eine Ziellinie wird festgelegt. Jede Gruppe bekommt einen Ast, der so dick ist, dass sich ein Kind daran hängen kann, und so lang, dass zwei weitere den Ast auf den Schultern tragen können. Nun stellt sich die erste Dreiergruppe am Start auf: Zwei schultern den Ast, der dritte Mitspieler hängt sich an den Ast wie ein erlegter Bär. Auf das Signal: »Schleppt den Bären!« laufen die Träger los. Wenn sie die Ziellinie überquert haben, nimmt der Bär den Ast und läuft schnell zur Startlinie zurück. Er und ein weiterer Mitspieler tragen nun den nächsten Bären ins Ziel. Welche Gruppe hat als erste alle Bären getragen und sich wieder hinter der Ziellinie versammelt?

Material
2 dicke Äste

Neandertaler-Boule

Material
Steine,
Kreide

Jeder Steinzeit-Partygast sucht sich drei etwa faustgroße Steine und markiert sie mit einem Kreidezeichen. Der Anführer des Clans wirft einen kleineren Zielstein, der über und über mit Kreide oder Naturfarben bemalt ist, einige Meter weit auf den Boden. Von einer Wurflinie aus versuchen nun der Reihe nach alle Neandertaler-Bouler, mit einem ihrer Wurfsteine so nahe wie möglich an den Zielstein heranzukommen. Wenn nach drei Durchgängen jeder geworfen hat, wird geprüft, wessen Stein am nächsten beim Zielstein liegt; der Sieger wird zum Oberjäger erklärt und darf nun den Zielstein für die nächste Spielrunde werfen.

Abschlusstanz

Material
Feuerstelle,
Zweige (z. B.
Wacholder- und
Thymianzweige)

Zum Abschluss der Steinzeitparty tanzen alle Partygäste um die Feuerstelle und werfen nacheinander ein paar Wacholderzweige, Thymianzweige oder andere Gewürze ins Feuer, so dass es ein wenig raucht. Dazu singen sie auf die Melodie des Liedes »Von den blauen Bergen kommen wir« das Steinzeitlied »In der harten Steinzeit leben wir, sammeln Beeren, jagen manches Tier. Abends tanzen wir ums Feuer, und wir freu'n uns ungeheuer, in der harten Steinzeit leben wir.« Der Abschlusstanz kann auch im Partyraum um einen auf dem Boden markierten Kreis aufgeführt werden.

Erdbeereis nach Steinzeitart

Zutaten
1 kg Erdbeeren,
4 Päckchen
Vanillezucker,
1 Zitrone,
$1/2$ l Sahne,

Die Erdbeeren werden gewaschen, trocken getupft, gezupft und klein geschnitten. Dann werden sie mit dem Pürierstab zerkleinert. Vanillezucker und zwei bis drei Esslöffel Saft der ausgepressten Zitrone werden hinzugefügt. Zum Schluss wird die steif geschlagene Sahne vorsichtig unter die Erdbeermasse gehoben und in

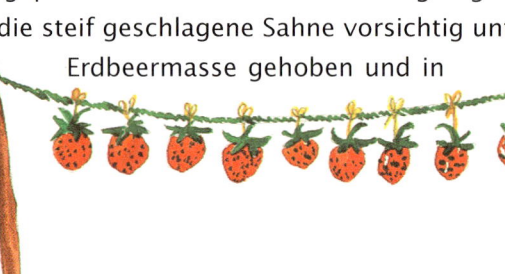

Eisdosen oder Becher gefüllt. Die Eismasse für etwa drei Stunden ins Gefrierfach stellen und ab und zu umrühren, damit das Eis eine gleichmäßig cremige Konsistenz behält.

Pürierstab,
Eisdosen oder
Becher

Roher Steinzeitsalat

Die Löwenzahn- und Brennnesselblätter sowie die Radieschen gut waschen, klein schneiden und in eine große Schüssel geben. Dann werden die Sonnenblumenkerne in etwas Olivenöl in einer Pfanne erhitzt und leicht geröstet. Zusammen mit den Leinsamen kommen sie in die Salatschüssel, werden mit dem Saft der ausgepressten Zitrone, etwas Olivenöl, Salz und Kräutern gemischt und schließlich auf Steinzeitgeschirr (–> Seite 28) den Neandertalern serviert.

Zutaten
selbst gesammelte
junge Löwenzahn-
und Brennnessel-
blätter, Radieschen,
1 Hand voll Sonnen-
blumenkerne, 2 EL
Leinsamen, 1 Zitro-
ne, Olivenöl, Salz,
Salatkräuter

Fladenbrot

Mehl, Wasser und Salz werden gut miteinander vermischt und zu Teigkugeln geknetet. Diese Kugeln werden mit den Händen zu Fladen geklopft und mit wenig Fett in der Pfanne gebraten. Auf die fertigen Fladen wird Quark gestrichen, der mit Kräutern garniert wird. Zusammengeklappt oder gerollt ist das Fladenbrot eine einfache, aber köstliche Neandertalerspeise.

Zutaten
5 Tassen Mehl,
1 große Tasse
Wasser, Salz,
Fett, Quark,
Kräuter

Seeräuberfest

Endlich ist sie da, die Sommerzeit mit warmen Tagen und lauen Nächten, und endlich können die Spiele nicht nur am, sondern zum Teil auch im Wasser stattfinden – sei es im Planschbecken, im See oder im Bach. Ein Fest mit Abenteuercharakter, bei dem Wasser eine große Rolle spielt, bietet sich jetzt geradezu an.

Die Augen von Jungen und Mädchen funkeln gleichermaßen, wenn sie das Wort Seeräuber hören. Damit verbunden sind fantastische Geschichten genauso wie wahre Begebenheiten – ins Abenteuer einer Seeräuberparty stürzen sich alle Kinder gern. Schwerpunkt des Seeräuberfestes ist der Festplatz unter freiem Himmel, am besten bei einem Bach oder kleinen See, und wenn das Wetter nicht mitspielen sollte, lässt sich ein Seeräuberfest mit etwas Fantasie auch in der Wohnung feiern.

Dekoration und Vorbereitung

Material

Besenstiel,
weiße und farbige
Stoffreste,
schwarze Stoff-
farbe, Schnüre
oder Seile,
Zeichenpapier,
Wasserfarben,
Pappkarton oder
alte Holzkiste

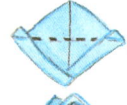
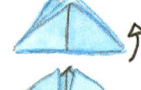

Im Mittelpunkt der Dekoration steht ein Mast (Besenstiel), an dessen Spitze die auf weiße Stoffreste gemalte, schwarze Totenkopfflagge als Furcht erregendes Zeichen der Meeresräuber befestigt ist. Von diesem Masten aus spannt sich eine ganze Reihe Seile mit bunten Wimpeln in alle Richtungen, auch ein Stück Segel kann den Masten zieren. An den Wänden oder an den Seilen, die den Festplatz begrenzen, hängen Zeichnungen von verschiedenen Schiffen, von Fischen, Kraken, Galionsfiguren und eine große Windrose. Natürlich dürfen auch aus Papier gefaltete Schiffchen in verschiedenen Größen nicht fehlen. Sie können nach nebenstehender Zeichnung angefertigt und anschließend in unterschiedlichen Farben bemalt werden.

Eine einfache Feuerstelle gehört ebenso zum Festplatz im Freien wie ein Bach oder ein Weiher, der in unmittelbarer Nähe liegen sollte. Auch eine Schatzkiste darf bei einem Piratenfest nicht fehlen. Dafür wird eine alte Kiste aus Holz oder ein Pappkarton bemalt. Ein schwerer Deckel verschließt die Schatzkiste, aufgemalte Eisenbänder und ein mächtiges Vorhängeschloss schützen den Inhalt vor unberechtigtem Zugriff.

Einladungskarten

Auf ein Stück Pergamentpapier wird eine Insel mit Palmen Gebäuden, Dünen und einem vergrabenen Schatz gezeichnet. Natürlich darf auf dieser Schatzkarte auch die Kompasszeichnung zur Orientierung nicht fehlen. Neben oder in der Zeichnung steht der Einladungstext mit dem Hinweis, passende Bekleidungsstücke mitzubringen, wie ausgefranste Hosen und Hemden, breite Ledergürtel,

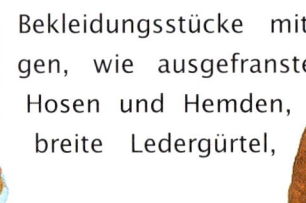

ärmellose Westen, Kopftücher, große Ohr-
ringe und Ketten. Bevor die Karte in den Umschlag
gesteckt und verschickt wird, wird sie etwas zerknüllt und mit
dem Feuerzeug vor allem an den Rändern etwas ge-
schwärzt. Vorsicht, damit sie nicht abbrennt!

Material
Pergamentpapier,
Kohle- oder
Bleistift, Feuerzeug

Seeräuberhut

N eben dem einfachen Tuch
ziert der Seeräuberhut so
manches Haupt. Auf zwei Blätter
Tonpapier wird die Form des
Seeräuberhuts aufgezeichnet und
ausgeschnitten. An den beiden Enden wird der Hut je nach
Kopfgröße zusammengeklebt, zum Schluss wird das Totenkopf-
emblem mit Fingerfarbe aufgemalt.

Material
schwarzes Ton-
papier, Schere,
Klebstoff, weiße
Fingerfarbe

Piratensäbel

D ie Form der Säbelklinge wird auf ein Stück Styropor oder
zweimal auf Karton aufgezeichnet und anschließend ausgeschnitten. Ein runder Handschutz mit Schlitz, durch den der
Griff geschoben werden kann, wird aus Pappe gefertigt. Die
beiden Hälften der Kartonklinge werden aufeinander geklebt,
und der Handschutz wird über den Griff geschoben. Mit Klebeband wird der Griff umwickelt, die Klinge kann zum Schluss
mit Wasserfarben stahlgrau bemalt werden.

Material
Karton oder
Styropor, Pappe,
Klebeband,
Wasserfarben,
Schere, Stift

Augenklappe

E in halbmondförmiges Stück Tonkarton wird an beiden Seiten mit kleinen Löchern versehen, durch die ein Gummiband geführt und verknotet wird. Die Größe der Augenklappe
und die Länge des Gummibands variieren von Pirat zu Pirat.

Material
schwarzer Ton-
karton, Gummi-
band, Schere

39

Lied der Seeräuber

Die Piraten wählen
schaurige Namen:
- Der einäugige Pit
- Nelli, die Nieder-
  trächtige
- Hakon Hakenhand
- Der rote Korsar
- Die zornige Zora
- Ralf, der Rach-
  süchtige
- Klemens Klabau-
  terhand
- Helga Halsab-
  schneiderin
- Glasaugen-Gerda

Wenn alle einen Namen gefunden haben, wird zur Einstimmung gemeinsam das Lied der Seeräuber gesungen.

1. Wir Piraten, wir sind furchtbar, kapern Schiffe jeden Tag, sind der Schrecken aller Meere, sind von ganz besondrem Schlag. Hol-la-hi, hol-la-ho, hol-la-hi-a-hi-a-hi-a-hol-la-hi-a-hi-a-hi-a-hoh, hol-la-hi, hol-la-ho, hol-la-hi-a-hi-a-hi-a-hol-la-hoh.

2. Unser Koch in der Kombüse, unser Koch, die faule Sau, kocht uns sieben Mal die Woche seine Flöhe in Kakao. Holla hi …
3. Und der Steuermann, der Dummkopf, der sieht nicht das größte Riff, hat Tomaten auf den Augen und versenkt beinah das Schiff. Holla hi …
4. Unser Käptn, kaum zu glauben, der ist seekrank, Ehrenwort, immer hängt er an der Reeling und kotzt dauernd über Bord. Holla hi …

Diese
Piraten haben
sich gegenseitig
mit Schminkstiften
Narben und Bart-
stoppeln, Flecken und
Wunden auf die Haut
gemalt.

Fischfang

Nicht nur das Plündern von Schiffen, auch der Fischfang gehört zum Piratendasein. Bei diesem Spiel wird festgestellt, welcher der Seeräuber auch ein geschickter Fischfänger ist. Die ganze Mannschaft sitzt rund um einen Tisch. Durch Abzählen wird der Fischer bestimmt, die anderen sind die Fische.

Die legen nun ihre Hände als Fische flach auf den Tisch. Der Fischer lässt eine Hand über diesen Händen kreisen und sagt dabei: »Ich fische, ich fische auf diesem großen Tische. Die ganze Nacht hab ich gefischt und keinen einzigen Fisch erwischt – nur den!« Bei den letzten Worten versucht er, schnell eine Hand, die auf dem Tisch liegt, anzutippen. Fängt er auf diese Weise einen Fisch, werden die Rollen getauscht.

Wasserdichte Piratenfäuste

Piraten mussten einen festen Griff haben und die Faust gut zuhalten können. Mit einer einfachen Prüfung wird festgestellt, wer eine wirklich dichte Piratenfaust hat. Jeder nimmt ein Stück Würfelzucker in die Hand und schließt die Faust ganz fest. Dann stecken alle die Faust 20 Sekunden lang ins Wasser. Laut wird von Zwanzig bis Null zurückgezählt, dann nehmen alle Piraten ihre Fäuste aus dem Wasser, öffnen sie und schauen nach, wessen Zuckerwürfel am wenigsten aufgeweicht ist.

Material

Würfelzucker, Eimer oder Schüsseln, Wasser

Säbel-Zweikampf

Um in Form zu bleiben, üben die Piraten miteinander den Kampf Mann gegen Mann. Jeder Seeräuber erhält mehrere Doppelseiten einer großformatigen Zeitung, die sorgfältig übereinander gelegt und dann eng zusammengerollt werden. Auf diese Weise entsteht ein Übungssäbel, der sich für heftige Gefechte hervorragend eignet. Die Piraten fechten nun in Zweiergruppen miteinander, bis die Fetzen fliegen.

Material

alte Zeitungen

41

Wen holt der Klabautermann?

Der Klabautermann ist der Unhold der Meere; vor ihm haben sogar gestandene Piraten Angst. Ein Seeräuber wird als Klabautermann ausgelost, alle anderen stehen ihm im Abstand von 20 Metern gegenüber. Mit rauer Stimme ruft der Klabautermann: »Wer hat Angst vor dem Klabautermann?« Tapfer antworten die Piraten: »Von uns keiner!« Der Klabautermann ruft zurück: »Dann kommt er euch holen!« Die Piraten und der Klabautermann laufen aufeinander zu. Die Piraten versuchen, dem Klabautermann auszuweichen.

Erwischt der Klabautermann einen Piraten, hilft ihm dieser in der nächsten Runde. Wer kann den Klabautermännern am längsten entwischen?

Deck schrubben

Die Plastikplane wird auf einem Wiesenstück ausgelegt, dann wird ein Pirat zum Deckschrubben abgestellt. Mit dem Schrubber seift er die Plane mit Neutralseife und Wasser kräftig ein, sodass sie schön rutschig wird. Die anderen Seeräuber ziehen Schuhe und Strümpfe aus, nehmen etwas Anlauf und schlittern über das »frisch geschrubbte Deck«.

Ganz einfach lässt sich das »Deckschrubben« auch als Wettkampf durchführen. Jedes Kind muss dabei versuchen, so weit wie möglich zu schlittern, ohne hinzufallen. Wer es am weitesten schafft, ist Sieger.

Material
dicke Plastikplane, Neutralseife, Wasser, Schrubber

Waschtag

Je nach Größe der Piratengruppe werden zwei oder drei Seeräuber ausgewählt, die ihre Kameraden waschen müssen. Da Piraten aber von Natur aus wasserscheu sind, flüchten sie vor den Wäschern. Dabei dürfen sie sich nur innerhalb eines begrenzten Spielfeldes bewegen. Die Wäscher dürfen ihnen nur nachlaufen, wenn sie keinen Schwamm in der Hand haben. Deshalb werfen sie sich gegenseitig den Schwamm zu, und immer, wenn ein Pirat mit dem Schwamm berührt wird, gilt er als gewaschen und verlässt das Spielfeld.

Material
nasser Schwamm

Schiffe treiben

Aus Styroporblöcken werden mit dem Messer einfache Schiffsmodelle geschnitten. Auch trockene Rindenstücke können als Schiffe dienen. Wer möchte, kann sein Schiff mit Masten aus Zweigen verzieren und bemalen, bevor einige Meter Schnur am Schiff festgebunden werden. Dann setzen alle Piraten ihre Schiffe ans Ufer des Weihers oder Sees. Mit Steinen, die ins Wasser geworfen werden und Wellen verursachen, versucht nun jeder, sein Schiff so weit wie möglich auf die Wasserfläche hinauszutreiben. Der Seemann, der sein Schiff nach zehn Minuten am weitesten hinausgesteuert hat, ist Sieger.

Material
*Styroporblöcke
oder große Rinden-
stücke, Messer,
evtl. dünne Zweige,
dünne Haushalts-
schnur, Steine*

Lange Wasserleitung

Die Piratenschar wird in zwei gleich große Gruppen aufgeteilt. Jede Gruppe bekommt 20 Trinkhalme, die nun vorsichtig zusammengesteckt werden müssen. Zum Schluss wird die so entstandene Wasserleitung an einem Ende etwas angehoben. Dann muss behutsam ein Becher Wasser in sie gegossen und eine möglichst große Wassermenge am anderen Ende in einem Becher aufgefangen werden. Welche Gruppe ist die geschicktere und kann am meisten Wasser auffangen?

Material
*40 Trinkhalme,
4 Becher,
Wasser*

Der versenkte Schatz

Material
24 Steine, Haushaltsschnur, wasserfester Stift

Jeder Stein wird mit einem langen Stück Schnur verbunden. Ein Stein bekommt ein Zeichen mit einem wasserfesten Stift, er stellt den Schatz dar. Dann werden alle Steine im Wasser versenkt, nur die Enden der Schnüre liegen am Ufer. Ein Pirat nach dem anderen darf nun an einer Schnur ziehen und hoffen, den Schatz den Tiefen der See zu entreißen.

Zielwerfen mit Enterhaken

Material
Tennisbälle, Haushaltsschnur, Eimer

Jeder Seeräuber befestigt ein langes Stück Schnur an einem Tennisball. Damit übt er nun das Werfen des Enterhakens, denn schließlich muss die Mannschaft für den Ernstfall gerüstet sein. Alle stellen sich im Abstand von etwa fünf Metern nebeneinander vor dem Eimer auf, und auf ein Kommando werfen alle gleichzeitig ihren Ball. Wer in den Eimer trifft, ist ein guter Werfer und lässt die anderen weiterüben.

Abschlusslied

Am Ende des Festes laufen die Piraten in einer Polonaise rund ums Lagerfeuer und singen zur Melodie von »Drei Chinesen mit dem Kontrabass« das Abschlusslied.

Zwölf Piraten mit 'nem Whiskyfass
tranken und sangen ohne Unterlass.
Und wer sich dabei fragt: Ja was soll denn das?
Den Piraten macht das Feiern Spaß!

Piratenspieße

Fleisch, Wurst, Paprika und Ananas werden in Stücke geschnitten, die Zwiebeln werden geschält und geviertelt. Dann steckt man die Stücke abwechselnd auf die Schaschlikspieße. Über der heißen Glut oder in der Pfanne mit wenig Fett werden die Piratenspieße gegart, bis das Fleisch ganz durch ist. Zum Schluss können die Spieße mit Salz und Pfeffer oder Ketschup gewürzt werden.

Zutaten
Fleisch- und Grillwurst, Paprika, Ananas, Zwiebeln, Schaschlikspieße, etwas Fett, Salz, Pfeffer, Ketschup

Süße Fische

Als Belohnung zwischendurch eignen sich die süßen, bunten Fische aus Blätterteig. Der Blätterteig wird aufgetaut und ausgerollt. Mit dem Messer werden verschieden große Fische ausgeschnitten. Die Fische werden nach Packungsanleitung im Ofen gebacken und kühlen auf einem Gitter aus. Währenddessen wird aus ein paar Esslöffeln Puderzucker und Zitronensaft eine zähflüssige Glasur hergestellt. Die Fische werden mit Glasur bestrichen und mit Rosinen, Mandeln und bunten Zuckerperlen verziert.

Zutaten
Tiefkühl-Blätterteig, Puderzucker, Zitronensaft, Rosinen, Mandeln, Zuckerperlen

Seeräuber-Rum

Tee ist ein erfrischender Durstlöscher, gerade an heißen Tagen. Am Vortag werden mehrere Liter schwarzer Tee aufgegossen (fünf Minuten ziehen lassen, dann wirkt er nicht anregend). Den Tee mit wenig Zucker und etwas Zitronensaft abschmecken, abkühlen lassen und dann in den Kühlschrank stellen. Der Tee sieht aus wie frisch gebrannter Rum, und mit Eiswürfeln serviert ist er ein köstliches und begehrtes Getränk bei den Piraten.

Zutaten
Schwarzer Tee, Zucker, Zitrone, Eiswürfel

45

Indianerfest

Indianerfilme und -spiele stehen hoch im Kurs bei allen Kindern. Vom Leben dieser Ureinwohner Amerikas wird in unzähligen Büchern und Filmen berichtet, und das Indianerspiel steht für Abenteuer schlechthin. Mit Faszination und Neugier stürzen sich alle Kinder in die Welt der Indianer, gehen mit ihnen auf Kriegspfad und jagen Büffel. Kein Wunder also, dass ein Indianerfest bei kleineren und auch bei größeren Kindern sehr beliebt ist. Wie bei kaum einem anderen Thema ist es beim Indianerfest möglich, Kinder in unterschiedlichem Alter sowie Mädchen und Jungen gleichermaßen zu gemeinsamen Spielaktionen zusammenzubringen. Am schönsten sind Indianerspiele im Freien, doch auch im Haus lässt sich ein Indianerfest veranstalten.

Dekoration und Vorbereitung

Material
Federn, Haushaltsschnur, Karton, Tapeten, alte Bettlaken, Wasserfarben, Packpapier, Fingerfarben, Schere

Für alle Fälle sollte ein Festraum vorbereitet werden, in dem die meisten der Indianerspiele durchgeführt werden können. Der Raum ist geschmückt mit indianischer Dekoration: Federn, die in Büscheln von der Decke hängen, Kriegsbeile aus bemaltem Karton und Tapetenbahnen, auf denen in indianischen Zeichen Geschichten erzählt werden. Ein bunter Totempfahl, auf den die stilisierten Tiere Bär, Biber und Krähe gemalt sind, hängt an der Wand, und selbstverständlich dürfen Indianerzelte aus Ästen und alten Bettlaken nicht fehlen.

Der Festplatz im Freien wird ebenfalls mit ein paar Indianerwigwams gestaltet, in ihrer Mitte liegt die Feuerstelle, an der sich die Indianer zum gemeinsamen Mahl und Tanz treffen. Ein Baum, der mit Packpapierbahnen umwickelt und mit Fingerfarben bemalt wird, stellt den Totempfahl dar.

Einladungskarten

Material
Tonpapier, Federn, Stifte, Schere, Klebstoff

Auf das Tonpapier wird der Umriss eines Totempfahls oder eines Indianer-Wigwams gezeichnet. In diesem Umriss steht der Einladungstext, geschmückt wird das Einladungsblatt mit indianischen Zeichen, Bisons, Kanus, Pfeil und Bogen und aufgeklebten Federn. Falls vorhanden, können die Gäste eigene Indianerkleidung und -ausrüstung mitbringen. Das Verkleiden, Schminken und Basteln der Ausrüstung findet aber grundsätzlich gemeinsam statt.

Tomahawk

Manche Indianer sind mit einem Tomahawk bewaffnet. Dafür wird eine Beilklinge auf dicken Karton gezeichnet, ausgeschnitten und bemalt. Ein Aststück bekommt an einem Ende eine Kerbe, die Klinge wird eingepasst und mit Schnur befestigt. Der Griff des Tomahawks wird mit Zeichnungen verziert. Ein Kriegsbeil ist übrigens ein besonders großer und schön gestalteter Tomahawk und darf nur vom Häuptling oder dem Medizinmann berührt werden.

Material
dicker Karton, Aststücke, Buntstifte, Federn, Schnur, Schere, Messer

Kopfschmuck

Für die Feder des Kopfschmucks wird ein Stück Tonpapier in der Mitte gefaltet und die Form eines halben Buchenblatts ausgeschnitten. Nun wird das Papier wieder auseinander geklappt und rundherum fransig eingeschnitten. Für das Stirnband wird ein etwa fünf Zentimeter breiter Streifen Tonkarton zugeschnitten. Er sollte ein paar Zentimeter kürzer sein als der jeweilige Kopfumfang. Der Kartonstreifen wird mit Federn beklebt und mit Indianerzeichen bemalt. Dann verbindet man die Enden mit einem Stück Gummiband – fertig ist der prächtige Kopfschmuck.

Material
Tonkarton, Schere, Gummiband, Tonpapier, Buntstifte, Klebstoff, evtl. Strasssteinchen oder Knöpfe

Die Kinder schminken sich gegenseitig und legen bunte Kriegsbemalung an.

Indianertrommeln

Material
Pappröhren in
verschiedenen
Größen, evtl.
Waschmittel-
trommel, Wasser-
oder Fingerfarben,
Plastikfolien, Klebe-
band, Schere

Rundherum werden die Pappröhren mit bunten Indianer mustern verziert. Dann wird auf einer Seite über die Öff nung ein Stück Plastikfolie straff gespannt und mit viel Klebe band gut befestigt. Auf diesen Trommeln wird zum Eröffnungs tanz gespielt.

Eröffnungstanz

Mit dem Eröffnungstanz ums Lagerfeuer beginnt das India nerfest. Alle singen das Lied und bewegen sich dem Tex entsprechend.

Die Festgäste
erhalten
Indianernamen:
• Fliegender Pfeil
• Schleichender Fuß
• Buntes Pony
• Großer Bär
• Geschickter Biber
• Flinkes Wiesel
• Schlaue Schlange
• Lachender Koyote
• Lahmer Bison
• Starke Ameise

1. In - di - a - ner hei - ßen wir, a - hu, a - hu, a - hu! Aus fer - nen Lan - den kom - men wir, a - hu, a - hu, a - hu! Wir zei - gen euch mit Schild und Lanz' den wil - den In - di - a - ner - tanz, a - hu, a - hu, a - hu, a - hu, a - hu, a - hu a - hu.

2. Indianer heißen wir, ahu, ahu, ahu!
   Ums Lagerfeuer sitzen wir, ahu, ahu, ahu!
   Wir singen jetzt mit lautem Klang
   den wilden Indianergesang, ahu, ahu, ahu, ahu, ahu, ahu

3. Indianer heißen wir, ahu, ahu, ahu!
   Ganz leise schleichen können wir, ahu, ahu, ahu!
   Wir laufen schneller als der Wind, und plötzlich
   wir verschwunden sind, ahu, ahu, ahu, ahu, ahu, ahu!

Indianer-Anschleich-Parcours

Indianer sind berühmt dafür, dass sie sich lautlos bewegen und unbemerkt anschleichen können. Doch dieses Können kommt nicht von allein, man muss es trainieren. Beim Indianer-Anschleich-Trainingsparcours können unter anderem folgende Aufgaben gestellt werden: Unter einem Tisch durchkriechen, ohne die dort aufgestellten Flaschen umzuwerfen. Über die Sitzfläche eine Stuhls klettern, ohne zu poltern. Unter einem Besenstiel, der auf zwei Bücherstapeln liegt, durchkriechen, ohne den Besen herunterzustoßen. Über ein Stück Wiese mit Blättern und Ästen gehen, ohne laute Geräusche zu machen. Der An-schleich-Parcours wird je nach Alter der Indianer variiert. Jeder bekommt vom Häuptling eine Auszeichnung, wenn er den Trainingsparcours durchquert hat.

Material
Bücher, Stühle, Besenstiele, leere Flaschen etc.

Indianer-Blasrohr

Jeder Indianer bekommt einen Trinkhalm und einige Streichhölzer, die er mit einem bestimmten Farbmuster markiert. Auf dem Boden wird mit ein paar Steinen oder einem Stück Schnur eine Zielscheibe gelegt. Nun stellen sich alle India-ner nebeneinander auf und versuchen, mit dem Trinkhalm-Blas-rohr die Streichhölzer ins Ziel zu pusten. Mit ein wenig Übung gelingt das ganz gut, und nach jeder Runde wird gezählt, von welchem Stammesmitglied die meisten Streich-hölzer im Zielkreis liegen.

Material
Trinkhalme, Streichhölzer, Farb-stifte

Grashalm ziehen

Material
Grashalme

Die Indianer teilen sich in Zweiergruppen auf. Jeder bekommt einen Grashalm, den er mit dem Halm seines Mitspielers kreuzt und dessen Enden er in beiden Händen hält, Nun wird vorsichtig gezogen. Wessen Grashalm zuerst reißt, der hat verloren. Die Sieger des ersten Durchgangs finden sich zu neuen Zweiergruppen zusammen und bekommen neue Grashalme. Schließlich bleibt nur noch ein Indianer übrig.

Indianerlauf rückwärts

Material
Handspiegel

Indianer müssen ihre Geschicklichkeit auf verschiedene Arten trainieren. Eine Möglichkeit ist der Rückwärtslauf mit Spiegel. Zunächst wird eine Strecke abgesteckt, die alle Indianer so schnell wie möglich ablaufen müssen, ohne sich umzudrehen. Dabei hält jeder einen Handspiegel so vors Gesicht, dass er den Weg, den er gehen muss, und die Hindernisse, denen er ausweichen muss, sehen kann.

Feder fangen

Material
Federn

Alle Indianer stecken sich eine Feder lose in das Stirnband oder hinten in den Hosenbund. Innerhalb eines abgegrenzten Spielfeldes laufen nun alle durcheinander und versuchen, sich gegenseitig die Feder abzujagen. Dabei darf kein Indianer den anderen festhalten oder behindern. Nur die Feder darf berührt und weggenommen werden. Geraubte Federn werden wiederum in den Hosenbund oder ans Stirnband gesteckt sodass sie wieder von anderen Indianern erbeutet werden können. Nach einer bestimmten Zeit wird gezählt, wer die meisten Federn erbeutet hat.

Kettenlauf

Die Indianer teilen sich in zwei gleich große Gruppen auf. Von jeder Gruppe laufen auf ein Startsignal hin zwei Mitglieder Hand in Hand los zu einem etwa 50 Meter entfernten Zielpunkt (Baum, Strauch o. Ä.). Dort angekommen bleibt je einer von beiden stehen, während der andere zurückläuft und das nächste Stammesmitglied holt. Dann darf er sich ausruhen, und der Erste, der am Baum gewartet hat, holt ein weiteres Gruppenmitglied zum Baum. Der Kettenlauf geht so lange weiter, bis alle Indianer am Baum versammelt sind. Der Rückweg geht genau gleich, nur müssen dann alle auf einem Bein hüpfen oder rückwärts laufen.

Wassertransport auf Indianerart

Wasser ist im Indianerland ein rares und sehr wertvolles Element. Die Indianer müssen sehr sparsam damit umgehen. Der sorgsame Umgang mit Wasser ist Thema dieses Spiels. Der Stamm teilt sich in zwei gleich große Gruppen auf. Jede Gruppe versammelt sich bei einem leeren Wassereimer. Zwei volle Eimer stehen etwa zehn Meter entfernt. Auf ein Startsignal hin läuft nun der erste Indianer jeder Gruppe zu einem vollen Eimer, schöpft mit beiden Händen Wasser und bringt es so zum Ausgangspunkt zurück. Sobald er das Wasser in den dort stehenden Eimer gegeben hat, darf der nächste Indianer loslaufen. Wenn die ehemals vollen Eimer leer sind, ist das Spiel beendet. Nun wird geprüft, welche Gruppe das meiste Wasser in ihrem Eimer gesammelt hat. Es kommt also nicht nur auf die Schnelligkeit an, sondern auch darauf, so wenig Wasser wie möglich unterwegs zu verschütten.

Material
Wasser,
4 Wassereimer

Das Kriegsbeil finden

Material
Kriegsbeil,
Blüten, Blätter
und Zweige

Irgendwo in der Nähe des Festplatzes hat der Indianerhäuptling gemeinsam mit dem Medizinmann das Kriegsbeil versteckt. Sie haben auf dem Rückweg verschiedene Zeichen mit Blättern, Blüten und Zweigen gelegt, die den Weg zum Versteck weisen. Doch diese Zeichen sind schwer zu entdecken und zu entschlüsseln. Der Stamm macht sich auf den Weg, das Versteck zu erkunden. Begleitet wird er von Häuptling und Medizinmann, die vielleicht ab und zu einen Tipp geben können.

Friedenspfeife rauchen

Die Friedenspfeife wird hergestellt aus einem Stück Tonkarton, das zusammengerollt, geklebt und bunt bemalt wird. An einem Ende der Röhre wird mit Klebestreifen ein großer Fingerhut aus Metall oder ein Blechkronkorken festgeklebt.

Material
Tonkarton,
Fingerhut oder
Kronkorken, Klebstoff, Klebestreifen, Schere,
Buntstifte,
Räucherhütchen

Zum Abschluss des Fests rauchen die Indianer gemeinsam die Friedenspfeife. Dazu wird in den Fingerhut ein Räucherhütchen gesteckt und angezündet. Alle Indianer sitzen im Kreis. Vorsichtig wird nun die Friedenspfeife, beginnend beim Häuptling, von einem zum anderen weitergegeben. Jeder nimmt ein paar kräftige Züge und bläst den imaginären Rauch in alle vier Himmelsrichtungen. Wenn alle die Friedenspfeife geraucht haben, wird das Feuer gelöscht, und das Fest ist beendet.

Prickelndes Feuerwasser

Mehrere Flaschen werden halb mit Mineralwasser gefüllt und mit verschiedenen Fruchtsäften ergänzt. Anschließend werden die Getränke in den Kühlschrank gestellt oder können zur Kühlung in einen Bach oder eine Wanne mit Eiswasser gestellt werden.

Material

Mineralwasser mit Kohlensäure, verschiedene Fruchtsäfte

Gebratene Maiskolben

Im Land der Indianer wachsen Maiskolben, die besonders gut schmecken. Die Kolben werden auf einen angespitzten Stock gespießt und über die heiße Glut gehalten. Sind die Kolben gar, werden sie etwas gesalzen und mit Butter bestrichen. Wer weder über offenes Feuer noch über einen Grill verfügt, kann den Mais übrigens auch in Salzwasser kochen.

Zutaten

Speisemaiskolben, Stöcke, Salz, Butter

Bisonspieße

Das Fleisch wird in Stücke geschnitten und mit Grillgewürz bestreut. Dann kann es auf einen Spieß gesteckt, auf dem Grillrost über der heißen Glut gegart oder in der Pfanne gebraten werden. Jeder muss sein Fleischstück selbst beaufsichtigen und drehen, damit es nicht verbrennt.

Zutaten

Fleisch, Grillgewürz, Spieß

Fruchtsalat

Die verschiedenen Früchte werden geschält oder gewaschen und in Stücke geschnitten. Alle Obstsorten werden anschließend in einer großen Schüssel vermengt. Damit das Obst sich an der Luft nicht verfärbt, werden Äpfel, Bananen, Pfirsiche und Aprikosen mit frisch gepresstem Zitronensaft beträufelt. Nun können sich die Indianer bedienen.

Zutaten

verschiedene Obstsorten, mehrere Zitronen, 1 große und viele kleine Schüsseln

Feuerfest

Ob loderndes Lagerfeuer, gemüt-
liches Kaminfeuer oder einfacher Kerzenschein, Feuer ist ein ganz
besonderes Element. Doch der Umgang
mit Feuer erfordert Umsicht und ein bisschen Erfah-
rung, denn schnell kann es sich vom nützlichen
Helfer zum zerstörerischen Dämon wandeln.
Ein Sommerfest mit dem Thema »Feuer« begeistert alle Kinder, denn sie sind von der
Macht und Eigenart dieses Elements fasziniert.

Feuer kommt erst im Dunkeln richtig zur
Geltung, also in der Dämmerung, nach Son-
nenuntergang oder, als Kerzenschein beziehungsweise in seiner technischen Form als elek-
trisches Licht, in einem verdunkelten
Raum. Tagsüber haben wir hoffentlich das Glück, dass uns
das große »Himmelsfeuer«,
die Sonne, einen wunderba-
ren Tag schenkt. Dann können
wir alle Aktionen des Feuerfests, die im Freien stattfinden
sollen, so richtig genießen.

Dekoration und Vorbereitung

Für ein Feuerfest sind Kerzen in allen Größen und Formen Pflicht. In Räumen und auf Fenstersimsen, aber auch im Freien als Windlichter können Marmeladengläser mit Teelichtern aufgestellt werden. Um ihnen ein feuriges Flair zu verleihen, werden die Gläser rundum mit Transparent- oder auch Krepppapier in Rot- und Orangetönen beklebt. Vorsicht: Die Gläser dürfen nicht zu klein sein, sonst erhitzt sich die Seitenfläche zu stark, und das Papier könnte sich entzünden.

Der Festraum im Haus kann außer mit bunten Girlanden und Luftballons auch mit selbst gebastelten Laternen (–> Seite 59) geschmückt werden. Tischdecken, Papierservietten und die übrige Ausstattung orientieren sich farblich am Thema des Festes und sind in Gelb-, Rot- und Orangetönen gehalten.

Zu einem richtigen Feuerfest gehört ein Lagerfeuer im Freien. Legen Sie eine einfache Feuerstelle in einer Mulde mit Steinen als Randbegrenzung an. Im Notfall tut's auch ein alter großer Blecheimer, dessen unterer Bereich mit Luftlöchern versehen ist. Als Brennmaterial eignen sich für die Feuerstelle im Blecheimer kleinere Holzstücke und Holzkohle, eine größere offene Feuerstelle wird zunächst mit Anfeuerholz, dann mit größerem Brennholz bestückt. Sicherheitshalber gehört neben jede offene Feuerstelle ein großer Eimer mit Wasser oder Sand, um im Notfall schnell löschen zu können.

Der Festplatz wird durch bunte Wimpel und Bänder begrenzt. Wenn das Wetter mitspielt und bis in den Abend hinein gefeiert werden kann, sorgen Wachs- oder Petroleumfackeln für stimmungsvolle Beleuchtung.

Laternen fürs Feuerfest

Material
Karton, Trans-
parentpapier in
Rot-, Orange-
und Gelbtönen,
Schere, Klebstoff,
Blumendraht,
Teelicht

Aus einem stabilen Karton wird die runde Grundfläche der Laterne ausgeschnitten (als Größenmaß kann der Umriss eines Tellers aufgezeichnet werden). Den oberen Rand der Laterne bildet eine etwa fünf Zentimeter breite Manschette aus Karton, die in der entsprechenden Länge zugeschnitten und zu einem Ring zusammengeklebt wird. Für die Laternenseitenfläche (Breite wie Umfang Grundfläche, Höhe etwa 30 Zentimeter) werden mehrere Lagen Transparentpapier zum Teil übereinander geklebt. Unten überwiegt dunkelrotes Papier, nach oben wird die Fläche immer heller und schließt mit gelbem Transparentpapier ab. Die Seitenfläche wird am unteren Rand eingeschnitten, etwa drei Zentimeter um die Grundfläche geschlagen und festgeklebt, oben am Manschettenring ebenfalls umgeschlagen und mit Klebstoff befestigt. An einem mittelstarken Blumendraht, der an zwei gegenüberliegenden Stellen durch die Manschette geführt wird, lässt sich die Laterne aufhängen.

Die Laterne wird stabiler, wenn auch die Seitenfläche aus Karton besteht. Dann können Feuermotive hineingeschnitten und mit Transparentpapier hinterklebt werden. Zum Schluss wird ein Teelicht mit einem Tropfen Wachs in der Mitte der Grünfläche befestigt.

Feuer fasziniert Kinder, aber es ist kein ungefährliches Element. Bei allen Aktionen und Spielen mit Kerzen, Streichhölzern und Fackeln am Lagerfeuer sollten die Kinder immer beaufsichtigt und auf die Gefahren hingewiesen werden. In der Regel verhalten sie sich erstaunlich diszipliniert, wenn es um Feuer geht, trotzdem ist erhöhte Aufmerksamkeit der Erwachsenen geboten.

Einladungskarten

Aus Tonpapier wird ein Stück in der dop-
pelten Größe einer Postkarte geschnitten, dann faltet man den Karton von links
und rechts zur Mitte hin. Im Mittelstück
wird nun mit einem spitzen Messer (dabei
kann die Hilfe eines Erwachsenen erfor-
derlich sein) die Silhouette einer Feuerstelle mit züngelnden Flammen eingeritzt. Dann
werden die Flächen ausgeschnitten und mit
dem Transparentpapier hinterklebt. Im unteren
Teil wird das rote Papier verwendet, an den
Flammenspitzen das gelbe Transparentpapier.
Gegen eine Lichtquelle gehalten oder vor ein Teelicht
gestellt, kommt die Wirkung des Feuerlogos gut zur Geltung
Auf die beiden Seitenflächen wird der Einladungstext mit Da
tum, Ort und Dauer des Feuerfests mit dunkelroter Tinte ode
Filzstift geschrieben. Bedingung für die Teilnahme: Jeder Gas
trägt ein rotes Kleidungsstück.

Feuerteufeltanz

Das Fest beginnt mit einem feurigen Tanz. Dafür werde
zunächst aus dem Krepppapier Stücke gerissen, die wi
Flammen spitz zulaufen. Diese Flammenzungen werden an
Besenstiel festgeklebt. Nun kann der Feuerteufeltanz beginnen
Zwei Kinder halten den »brennenden« Besenstiel zunächst etwa
in Schulterhöhe, sodass alle anderen Kinder zum Klang de
Musik ohne Probleme unter ihm hindurchtanzen können
Nach jedem Durchgang wird der Besenstiel ein Stück tiefe
gehalten, und die Kinder müssen aufpassen, von de
Flammen nicht berührt zu werden. Wer schafft es, unte
dem Flammenstock hindurchzutanzen, ohne sich mit de
Händen am Boden abzustützen?

Kerzen löschen

Auf einem Brett, auf der Wiese oder einem anderen unempfindlichen Untergrund werden möglichst viele Kerzenstummel unterschiedlicher Größe in unregelmäßigem Abstand aufgestellt. Nachdem alle Kinder die Kerzenstummel mit Streichhölzern angezündet haben, füllen sie ihre Wasserpistolen. Im Abstand von etwa drei Metern stellen sich die Kinder nebeneinander auf.

Material
viele Kerzen-
stummel,
Streichhölzer,
Wasserpistolen

Der Spielleiter gibt das Signal »Feuer aus!«, und alle spritzen drauflos, bis die Kerzen erloschen sind. Das Spiel kann so lange wiederholt werden, bis sich die Kerzen nicht mehr anzünden lassen.

Rußbilder

Um Rußbilder zeichnen zu können, müssen die Kinder zuerst Ruß herstellen. Dazu wird etwas Margarine dünn auf die Unterseite eines Tellers gestrichen. Dann wird der Teller dicht über die Flamme einer Kerze gehalten. So entsteht eine schöne Rußschicht, und die Kinder können mit dem Finger auf ein weißes Blatt fantasievolle Rußbilder malen.

Vorsicht: Den Teller nur kurz über die Flamme halten, sonst wird er zu heiß. Sicherheitshalber den Teller ein paar Minuten liegen lassen, bevor der Ruß mit dem Finger abgenommen wird.

Material
Teller, Kerzen,
Margarine,
Zeichenpapier

Verbrannt

Bei diesem Fangspiel, das innerhalb eines großen Spielfelds stattfindet, versucht ein Kind – der Feuerteufel –, die anderen Kinder zu fangen. Erwischt der Feuerteufel ein Kind etwa an der Schulter, dann ist es dort verbrannt und übernimmt die Rolle des Feuerteufels. Es wird diese Rolle erst wieder los, wenn es ein anderes Kind an der gleichen Stelle berührt hat. So wird das Brandmal weitergegeben. Vor Spielbeginn kann abgemacht werden, dass das Geburtstagskind dreimal berührt werden muss, bevor es zum Feuerteufel wird.

Feuerdrähte

Material
langer, roter
Wollfaden

Mit einem langen Wollfaden wird im Zimmer ein Netz in verschiedenen Höhen und mit unterschiedlicher Dichte gespannt, etwa vom Stuhlbein zum Schrank, von dort zum Tisch, zur Türklinke der offenen Tür, hoch zur Stehlampe, zurück zum Tischbein und so weiter. Ein Kind nach dem anderen muss nun versuchen, von einer Raumecke zur anderen zu gelangen, ohne diese »glühenden Drähte« zu berühren. Mal muss es unter den Feuerdrähten durchkriechen, dann wieder darüber steigen. Berührt ein Kind den Draht, muss es ein Pfand geben. Am Ende des Spiels werden die Pfänder ausgelöst. Dabei werden zuerst gemeinsam Aufgaben ausgedacht, die der Besitzer des blind gezogenen Pfandes erfüllen muss. Mögliche Aufgaben: Zehn Wörter finden, die mit Feuer in Verbindung stehen (etwa: Vulkan, Drache, Asche...); ein Feuergedicht reimen.

Kerzenlauf

Für dieses Spiel im Freien werden die Kinder in Zweier-, Dreier- oder Vierergruppen eingeteilt. Jede Gruppe erhält eine Kerze und eine Schachtel Streichhölzer. Der Spielleiter hat einen Start- und einen Zielpunkt festgelegt, beide Gruppen stellen sich nebeneinander am Startpunkt auf. Sie zünden ihre Kerze an, und auf ein Startzeichen läuft ein Kind jeder Gruppe mit der brennenden Kerze los. Es gilt nun, so schnell wie möglich zum Zielpunkt und wieder zurück zum Start zu laufen, ohne dass die Kerze erlischt. Wem das passiert, der muss sofort zurück und sich die Kerze erneut anzünden lassen. Wieder am Startpunkt angekommen, läuft der nächste Mitspieler los. Haben alle Mitspieler die Aufgabe erfüllt, ist die erste Runde beendet. Je größer die Gruppen sind, desto spannender ist das Spiel.

Material
Kerzen,
Streichhölzer

Streichholzstaffel

Die Kinder werden in Dreiergruppen eingeteilt und stellen sich in Reihen nebeneinander auf. Das erste Kind jeder Gruppe bekommt die Streichholzschachtel, beim letzten steht der halb gefüllte Wassereimer. Die Kinder jeder Gruppe treten jetzt auf doppelte Armlänge auseinander, und auf ein Signal des Spielleiters hin beginnt die Staffel: Das erste Kind entzündet ein Streichholz, reicht es dem zweiten weiter, und das dritte Kind lässt das brennende Streichholz in den Wassereimer fallen. Nach ein paar Minuten lässt der Spielleiter das Schlusssignal ertönen, und dann wird gezählt, in welchem Wassereimer die meisten Streichhölzer gelandet sind. Hölzer, die beim Weiterreichen ausgehen, werden nicht gezählt.

Material
mehrere Streichholzschachteln,
mehrere Eimer
mit Wasser

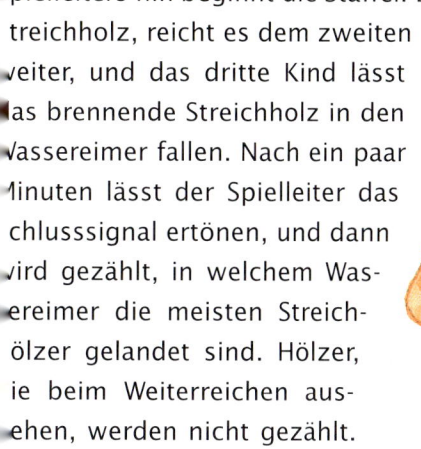

Kerzen auspusten

Wenn sich das Feuerfest seinem Ende zuneigt, darf eine Kerze nach der anderen ausgepustet werden. Die Kinder sind nacheinander an der Reihe, das Geburtstagskind beginnt. Jeder pustet langsam und vorsichtig eine Kerze aus, bis schließlich nur noch das Feuer und die Fackeln oder eine elektrische Beleuchtung brennt.

Feuerwehr

Material
Trinkhalme,
eine große
Schüssel Wasser

Am Schluss des Festes muss natürlich auch das Feuer gelöscht werden. Ob es jetzt noch hell lodert oder vor allem aus Glut besteht, die Feuerwehr muss eingreifen. Jedes Kind bekommt einen Trinkhalm, den es in die Wasserschüssel steckt und mit Wasser füllt. Dann laufen alle Kinder nacheinander zur Feuerstelle und spritzen das Wasser mit dem Trinkhalm ins Feuer. Die Feuerwehr muss so lange hin und her laufen, bis das Feuer vollständig gelöscht ist.

Wunderkerzen-Feuerwerk

Material
Wunderkerzen, evtl. mit
Erde gefüllte
Blumentöpfe

Bevor nun alle Kinder das Fest verlassen, wird noch ein kleines Feuerwerk veranstaltet. Dazu werden Wunderkerzen in den Boden (im Haus in Blumentöpfe, die mit Erde gefüllt) gesteckt und möglichst gleichzeitig angezündet. Das Geburtstagskind gibt das Kommando. Alle lassen nun das schöne Fest vor ihrem inneren Auge Revue passieren, während sie still dem Feuerzauber der Wunderkerzen zuschauen.

Feuerbrote

Brotscheiben werden mit Butter bestrichen und mit Salami belegt. In die Mitte kommt ein breiter Streifen Hartkäse. Jede Brotscheibe wird nun mittig mit einem Zickzack-Schnitt getrennt, sodass die gelben Käsespitzen wie züngelnde Flammen aussehen.

Zutaten
Brot, Butter,
Salami, Hartkäse

Pfannkuchen heiß oder kalt

Die Eier trennen. Aus Haferflocken, Mehl, Eigelb, Milch, Öl und einer Prise Salz einen dickflüssigen Teig zubereiten und mindestens 15 Minuten quellen lassen. Das Eiweiß steif schlagen und unter den Teig ziehen. Die Teigmasse sollte dickflüssig vom Löffel laufen. Wenn der Teig zu fest ist, etwas Mineralwasser dazugeben. Im heißen Fett nacheinander 12 bis 15 kleine Pfannkuchen backen. Wenn sie warm gegessen werden sollen, die Pfannkuchen im Herd bei 75 Grad warm halten. Auf dem Tisch stehen die verschiedenen süßen und herzhaften Beläge bereit, und die Kinder können sich jetzt nach Wunsch ihre Pfannkuchen selbst belegen.

Zutaten
8 Eier, 160 g feine
Haferflocken,
160 g Mehl, 0,8 l
Milch, 2 EL Öl,
Salz, Mineral-
wasser, Butter-
schmalz, Kirschen,
Schlagsahne,
Beeren, Apfel-
stückchen, Marme-
lade, Schoko-
ladenraspel,
Schinkenstücke,
geriebener Käse

Löschwasser

Alle Säfte und das Mineralwasser werden in eine große Bowle gefüllt. Aus diesem »Löschwasserteich« wird mit einem Schöpflöffel in die Gläser ausgeschenkt und der Durst der Kinder gelöscht. An sehr heißen Tagen sorgen Eiswürfel dafür, dass das Getränk nicht zu warm wird.

Zutaten
je eine Flasche
Orangen-, Apfel-,
Johannisbeer-
und Kirschsaft,
Mineralwasser,
Bowle

HERBST

Flieger- und Drachenfest

Wenn kräftiger Herbstwind die ersten Blätter von den Bäumen reißt, die großen Straßenlampen zum Schwingen bringt und Zeitungen über die Straßen treibt, dann ist es Zeit für ein Fest zum Thema Fliegen. Wie ein Vogel frei durch die Lüfte zu schweben, ist ein uralter Menschheitstraum, der sich erst in den letzten Jahrzehnten dank moderner Technik verwirklicht hat. Doch viel länger schon lassen Kinder Drachen steigen, falten Papierflieger, die elegant durch die Lüfte segeln, und schauen Luftballons nach, die am Himmel vorüberziehen.

Der Wind trägt Drachen und Papierflieger in die Luft, treibt Windräder an und lässt bunte Bänder lustig flattern. Ein Geburtstagsfest mit einem luftigen Thema braucht Wind, um manche der Ideen und Aktionen umzusetzen, und so bleibt zu hoffen, dass sich dieser am Festtag regt.

Dekoration und Vorbereitung

Material

Bilder von
Flugzeugen und
Drachen, Pappe,
Nylonfaden,
Luftschlangen,
Luftballons, Woll-
fäden, Flaschen-
korken, Tapeten
oder Karton,
Schere,
Klebstoff

Der Festraum im Haus wird für das Flieger- und Drachenfest mit Bildern von Flugzeugen und Drachen aller Art dekoriert. In alten Zeitschriften finden sich geeignete Abbildungen, die auf Pappe geklebt, ausgeschnitten und an Nylonfäden in den Raum oder an die Wand gehängt werden können. Lange Girlanden, an denen Luftschlangen und kleine, verschieden-farbige Papierdrachen befestigt sind, ziehen sich quer durch den Raum. Luftballons, an denen mit Wollfäden Flaschen-korken befestigt werden, sehen aus wie Miniatur-Heiß-luftgondeln. Große Wolken, die aus alten, doppelt ge-legten Tapetenbahnen oder Kartonstücken geschnit-ten und weiß bemalt werden können, hängen an Nylonschnüren in verschiedenen Höhen von der Decke, sodass die Partygäste den Eindruck bekommen, etliche Meter über der Erde zu schweben.

Im Freien können bunte Flatterbänder (–> Seite 69) und Klangseile (–> Seite 69) als Dekoration dienen.

Einladungskarten

Material

Tonpapier,
Schere, Stifte,
Klebstoff

Auf das Tonpapier werden neben Wolken und fliegenden Vögeln auch die Umrisse eines Flugdrachens, eines Fessel-ballons oder eines Papierflugzeugs gezeichnet, genauso gut können der Drachen und das Flugzeug auch aus einem weite-ren Stück Tonpapier gefaltet beziehungsweise ausgeschnitten und auf das Einladungsblatt geklebt werden. Alle Gäste werden aufgefordert, ihren eigenen Flugdrachen oder das zum Bau eines Drachens benötigte Material (–> Seite 74) und die Dra-chenschnur mitzubringen.

Flatterbänder

Verschiedenfarbiges Krepppapier wird in etwa sieben Zentimeter breite Streifen geschnitten, die so lang sind wie die Breite der Krepppapierbahnen. Mehrere Streifen in unterschiedlichen Farben werden zu Büscheln zusammengefasst, an Stöcke gebunden oder im Abstand von etwa einem halben Meter an die Schnur geknotet. Zwischen Bäume gespannt, flattern die Bänder fröhlich im Wind.

Material
Krepppapier,
Stöcke,
Schnur,
Scheren

Windräder

Das Tonpapier wird auf ein quadratisches Format und von beiden Seiten über Eck ein- und wieder aufgefaltet, sodass die Linien von den Ecken zur Mitte zu sehen sind. Die Ecken werden entlang den Linien ein Stück weit eingeschnitten. Je eine Seite der so entstandenen vier Dreiecke wird zur Mitte gebogen und die Spitze dort mit etwas Klebstoff befestigt. Nun kann das Windrad mit einer Pinnwand-Nadel am Ende eines Holzstabs befestigt werden.

Material
Tonpapier,
Schere, Klebstoff,
Pinnwand-Nadel,
Holzstab

Klangseile

Verschiedene Gegenstände, die mit Schnüren so an einem Seil befestigt werden, dass sie vom Winde bewegt aneinander stoßen können, ergeben ein Klangseil. Ein Bogen Alufolie oder eine Tüte aus steifem Plastik raschelt bei jedem Luftzug; hölzerne Kochlöffel schlagen wie Klöppel an Pfannen, Topfdeckel und Flaschen; die Besteckteile und die Nägel klirren hell, wenn sie gegeneinander schlagen.

Material
langes Seil,
Schnur, Alufolie,
Plastiktüten,
Kochlöffel, Holzstöcke, Pfannen,
Topfdeckel, lange
Nägel, Besteck

Material
Papier in
DIN-A4-Format,
Buntstifte

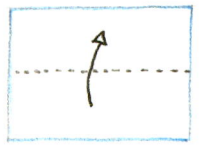

1

2

3

4

5

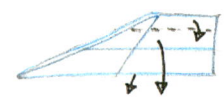

Egal, ob alle zwei
Modelle oder nur
eines davon zum
Wettflug antritt,
jeder Partygast
stellt sich an einer
Startlinie auf und
wirft von dort sein
Flugzeug in die
Lüfte.

Papierflieger falten

Papierflieger können ihre Flugeigenschaften am besten bei wenig Wind oder in Räumen unter Beweis stellen. Bevor die Flieger zu einem Wettbewerb starten, müssen sie jedoch erst gefaltet, bemalt und beschriftet werden. Alle Partygäste sind also zunächst damit beschäftigt, die beiden vorgestellten (oder andere, selbst erfundene) Papierflieger zu falten und mit Buntstiften zu verzieren.

Jet

Ein Blatt wird der Länge nach in der Mitte gefaltet (1), dann werden zwei Ecken einer Seite nach außen zur Falzkante geknickt (2). Die so entstandenen Ecken werden wiederum nach außen zur Falzkante geknickt (3), bevor die beiden Seiten im Abstand von etwa zwei Zentimetern parallel zur Falzkante nach unten geklappt werden (4). Dann werden die Tragflächen wieder nach oben gefaltet, und die Flügelenden werden als Stabilisatoren nach unten geknickt (5).

Skydiver

Ein Blatt wird der Länge nach in der Mitte gefaltet und wieder aufgefaltet auf den Tisch gelegt (1). Dann wird das Papier von einer Schmalseite her bis etwa zur Mitte mehrmals umgefaltet (2). Der Faltstreifen wird nach unten geknickt, und das Blatt wird am bereits vorhandenen Längsfalz hochgeklappt (3). Die Unterkante wird in einer schräg nach oben verlaufenden Linie nach innen gestülpt und so zur Heckflosse (4).

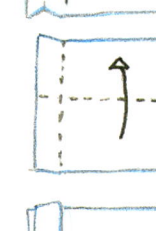

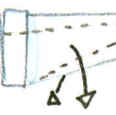

Die Tragflächen werden jetzt nach außen geknickt, sodass die Heckflosse herausragt. Auch bei diesem Modell sorgen Seitenstabilisatoren an den Flügelenden, die zum Schluss nach oben gefaltet werden, für einen eleganten Flug (5).

Welcher Flieger schafft es am weitesten? Welcher fliegt ruhiger?

Wattepads pusten

Jeweils zwei Kinder sitzen sich an einem Tisch gegenüber. In der Mitte liegt ein Wattepad, das nur mit Hilfe der Atemluft bewegt werden darf. Jeder der Mitspieler versucht, den Wattepad auf die Seite seines Gegners und an einer vorher festgelegten Stelle, die etwa 10 bis 20 Zentimeter breit ist, vom Tisch zu pusten. Wem das gelingt, der ist Sieger und tritt in der nächsten Runde gegen einen weiteren Gewinner an, sodass am Ende dieser »Ausscheidungen« ein Oberpuster übrig bleibt.

Material
Wattepads

Seifenblasen-Wettpusten

Seifenlauge zum Seifenblasenpusten lässt sich ziemlich einfach herstellen. Dazu muss nur etwas Schmierseife in handwarmem Wasser aufgelöst werden. Ist keine Schmierseife im Haus, verwendet man Spülmittel. Mit ein wenig Ausprobieren lässt sich schnell eine Wasser-Seife-Mischung finden, mit der man große und schön schillernde Seifenblasen zustande bringt. Nun nimmt man einen Trinkhalm, dessen kreuzförmig eingeschlitztes Ende in die Seifenlauge getaucht wird, bevor durch vorsichtiges Pusten ins andere Ende die schönsten Seifenblasen entstehen und vom Wind davongetragen werden. Wer bläst die größten Seifenblasen, wessen Seifenblase fliegt am weitesten?

Material
Schmierseife oder Spülmittel, handwarmes Wasser, Trinkhalm, Messer

Federlauf

Material
kleine Federn
oder etwas Watte

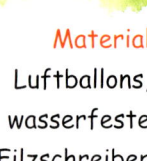

Alle Partygäste stellen sich an einer Startlinie auf. Jeder Gast legt eine kleine Feder oder ein Stück Watte auf die flache, ausgestreckte Hand. Alle streben nun so schnell wie möglich der Ziellinie zu, doch die Feder darf nicht von der Hand fallen. Wer die Hand zur schützenden Mulde krümmt oder mit der anderen Hand die Feder hält, muss so lange stehen bleiben und darf erst weitergehen, wenn die Feder wieder auf der flachen Hand liegt. Wessen Feder von der Hand fällt, der muss drei Schritte zurückgehen. Ein Spielleiter überwacht die Einhaltung der Regeln. Wer schafft es als Erster mit seiner Feder über die Ziellinie?

Verrückter Luftballon

Material
Luftballons,
wasserfeste
Filzschreiber

Luftballons sind ganz besonders unberechenbare Flugobjekte, besonders dann, wenn sie nicht aufgeblasen und zugeknotet den Launen des Windes ausgesetzt sind, sondern wenn sie angetrieben durch die entweichende Luft wild umhersausen. Jeder Partygast bekommt einen Luftballon, den er aufbläst und mit einem Filzschreiber markiert. Die Luftballons werden verschieden benannt, etwa »Roter Baron«, »Silberpfeil«, »Schnelle Heuschrecke«, »Wuchtiger Flugkäfer« und so weiter. Dann stellen sich alle in einer Reihe auf, und einer nach dem anderen lässt seinen Luftballon sausen. Alle verfolgen gespannt, wo der Ballon hinfliegt, und es wird begutachtet, welche Figuren er zieht und wie weit er kommt.

Pilot auf dem Hocker

Das Geburtstagskind beginnt und darf als Erster Pilot sein, aber auch der Sieger aus einem anderen Spiel kann die Ehre haben, den Pilotensitz zu übernehmen. Der Pilot nimmt Platz auf einem Hocker oder auf einem Stuhl. Er steuert sein ganz besonderes Gefährt nicht mit einem Steuerknüppel oder Lenkrad, sondern über Anweisungen: Fünf Minuten lang müssen ihn die anderen Mitspieler umhertragen, wie er es wünscht. Es gibt jedoch eine Einschränkung: Der Pilot muss seine Anweisungen immer mit »Bitte« einleiten. So beginnt er etwa mit »Bitte abheben«, er kann sich schneller tragen lassen mit der Anweisung »Bitte Fluggeschwindigkeit steigern« und so weiter. Vergisst er das Zauberwort »Bitte«, endet seine Pilotenlaufbahn jäh. Nach Ablauf von fünf Minuten wird der Pilot mit einer sanften Landung am Ausgangspunkt niedergesetzt.

Material
Hocker oder Stuhl

Blindflug

Im Raum werden Stühle, Kissen und andere Materialien als Hindernisse verteilt, im Freien kann aus den Flatterbänder-Stöcken (–> Seite 69) ein »Hindernisparcours« gesteckt werden. Nun werden einem Kind, dem Piloten, die Augen mit einem weichen Tuch verbunden, und es wird ein paar Mal im Kreis gedreht. Die anderen stellen sich am Rand des Hindernisparcours auf und rufen laut, in welche Richtung der Pilot gehen muss. Auf seinem Blindflug muss er sich auf die Anweisungen der restlichen Partygäste verlassen, und die sind manchmal widersprüchlich. Es kann also durchaus sein, dass der Pilot in die Irre geschickt wird.

Material
Augenbinde,
Hindernisse

73

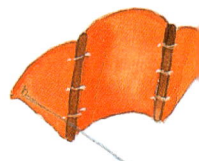

Plastiktüten-Drachen

Mit der Schere wird der Müllsack rundherum aufgeschnitten, sodass zwei Drachen aus einem Sack gebastelt werden können. Die Rundhölzer werden auf die Breite des Müllsacks gekürzt. Falls die Kinder schon mit der Säge umgehen können, sägen sie die Rundhölzer selbst zu, ansonsten hilft hierbei ein Erwachsener. Dann werden die Rundhölzer aufgeklebt, und zwar etwa zehn Zentimeter von den Schmalseiten entfernt. Von den Stabenden zur Mitte der Schmalseite werden die überstehenden Flanken nach außen spitz zugeschnitten und mit einem Loch versehen, durch das die Drachenschnur gezogen wird.

Faltdrachen

Das Papier wird auf ein quadratisches Format von ca. 20 x 20 Zentimeter Größe zugeschnitten und diagonal gefaltet (1). Die beiden Ecken werden zur Falzkante nach außen gefaltet (2), und die neu entstandenen Ecken werden noch einmal über die kürzere Kante zum Mittelfalz hin gefaltet (3). Dann werden die beiden Spitzen abgeschnitten (4), und der Minidrachen wird aufgefaltet flach auf den Tisch gelegt, sodass die Mittelfalte nach oben zeigt. An beiden Flügelseiten wird nun ein etwa 50 Zentimeter langes Stück Drachenschnur festgeklebt, an deren Mitte die Steigschnur geknotet wird. Ein paar bunte Bänder, die an den hinteren Teil des Drachens geklebt werden, stellen den farbenfrohen Drachenschwanz dar (5).

5

Fliegerauflauf

Die Nudeln in Salzwasser bissfest garen und mit kaltem Wasser abspülen. Zucchini und Möhren in Scheiben schneiden, zusammen mit den Erbsen in etwas Wasser dünsten und salzen. Die Tomaten in Scheiben schneiden. Dann die Nudeln und das Gemüse abwechselnd in eine gebutterte Auflaufform schichten. Eier, Milch und saure Sahne verrühren, den Hartkäse reiben und untermischen. Zum Schluss wird die Soße mit Salz, Pfeffer und wenig Thymian gewürzt und über den Auflauf gegossen. Der Fliegerauflauf muss nun bei 180 Grad etwa 40 Minuten lang im Backofen garen. Er schmeckt heiß und kalt gleichermaßen gut.

Zutaten
250 g Nudeln,
250 g Zucchini,
300 g Möhren,
300 g Erbsen,
3 Tomaten, Butter,
2 Eier, $1/8$ l Milch,
150 ml saure Sahne,
200 g Hartkäse,
Salz, Pfeffer,
Thymian

Windbeutel

Wasser und Butter in einem Topf zum Kochen bringen. Das Mehl dazuschütten und mit dem Kochlöffel zu einem großen Kloß rühren. Den Topf von der Herdplatte nehmen, nach und nach die Eier und zum Schluss das Backpulver unterrühren. Aus dem Teig mit zwei Löffeln kleine Klößchen formen und mit reichlich Abstand auf ein gefettetes oder mit Backpapier belegtes Backblech setzen. Die Windbeutel werden im vorgeheizten Backofen bei 200 Grad in etwa 20 Minuten goldbraun gebacken und vergrößern dabei ihr Volumen auf ein Mehrfaches. Nach dem Abkühlen werden sie aufgeschnitten und mit steif geschlagener Sahne gefüllt.

Zutaten
$1/4$ l Wasser,
100 g Butter,
150 g Mehl, 4 Eier,
1 TL Backpulver,
$1/4$ l Schlagsahne

Drachenbowle

Die Früchte waschen oder schälen, in kleine Würfel schneiden und in eine Bowle geben. Mit dem Saft der ausgepressten Zitrone beträufeln und den Apfelsaft und das Mineralwasser dazugeben. Jeder Partygast kann sich nun selbst sein Glas füllen.

Zutaten
500 g Früchte,
1 Zitrone, $1/2$ l Apfelsaft, $1/2$ l Mineralwasser, Bowle

Halloween-Party

In der Nacht vom 31. Oktober auf den 1. November wird Halloween gefeiert, ein uraltes Fest keltischen Ursprungs, das die Schotten, Engländer und Iren nach Amerika gebracht haben und das sich dort bis heute großer Beliebtheit erfreut. Auch bei uns ist dieses Fest in den letzten Jahren vor allem durch die verzierten Kürbisse immer populärer geworden. An Halloween sind alle Kinder damit beschäftigt, gruselige Kostüme und Masken zu basteln. Bei Einbruch der Dunkelheit machen sie sich auf den Weg von Haus zu Haus und bekommen Süßigkeiten. Ein schaurigschönes Halloween-Fest beschließt den Abend.

Halloween mit seinen Gruselgestalten eignet sich auch als Kinder- und Geburtstagsfest an jedem anderen Tag im Herbst. Gemeinsam schminken und verkleiden sich die Kinder als Hexen, Mumien, Vampire oder andere schaurige Gestalten, tanzen, singen und spielen.

Dekoration und Vorbereitung

Material
Teelichter,
Gläser, rotes und
grünes Transpa-
rentpapier, dunkler
Stoff, Wollfäden,
Klebestreifen,
Kreppbänder

Gespenstisch und schaurig soll die Dekoration für die Hallo
ween-Party sein, doch nicht das pure Gruseln allein ist be
diesem Fest wichtig, sondern auch der Humor. Die Ausgestal
tung des Festraums schwankt also zwischen schaurig-schön
und witzig: Kürbisfratzen-Girlanden (–> Seite 79) verlaufen que
durchs Zimmer, und Tuchgespenster (–> Seite 80) hangeln sich
an Seilen durch den Raum. An den Fenstern und auf den Rega
len stehen brennende Teelichter in Gläsern, die mit blutrotem
und monstergrünem Transparentpapier beklebt wurden. Auch
die klassischen Kürbislaternen (–> Seite 80) in verschiedener
Größen dürfen natürlich nicht fehlen. Die Tische und
Stühle sind mit dunklem Stoff überworfen, Spinnweben
aus Wollfäden hängen in allen Ecken, und große Spinnen,
aus Jogurtbechern (–> Seite 80) gebastelt, seilen sich von
der Decke ab. Der Eingang zum Partyraum ist mit vielen
Kreppbändern, die vom Türrahmen bis zum Boden reichen,
behängt. Durch diesen kurzen Bänderdschungel müssen sich
alle Gäste nacheinander durchkämpfen.

Einladungskarten

Material
orangefarbenes
Tonpapier, Stifte

Auf das Tonpapier wird der Umriss einer grinsenden Kürbis
fratze gezeichnet, die dem Betrachter zuzwinkert. Rund
herum tanzen verschiedene gruselige Gestalten. Im Kürbis ste
hen ein kurzes Einladungsgedicht sowie die Angaben von Ze
und Ort.

Hallo Freunde, stellt euch vor, Halloween steht kurz bevor!
Kommt vorbei, ich lad euch ein, zu diesem Anlass hier zu sein
Hexen, Zauberer, Vampire, Geister, Monster, Gruseltiere,
Zombies, Mumien, Frankenstein,
alle werden bei mir sein.
Es wird gruslig, schaurig-schön,
kommt nur her, ihr werdet sehn!

Gemeinsames Verkleiden und Schminken

Zu Beginn der Halloween-Party verkleiden sich die Gäste gemeinsam und schminken sich gegenseitig. Aus einem Stück Karton wird die Augenmaske für Graf Dracula ausgeschnitten, dunkel bemalt und mit einem Gummiband versehen. Ein schwarzer Umhang und ein hell geschminktes Gesicht mit aufgemalten langen Eckzähnen und blutigen Mundwinkeln komplettieren diese Verkleidung. Frankensteins Monster steckt in einem alten Anzug, der zu groß geraten und an den Ärmeln ausgefranst ist. Dunkle Augenringe, Nähte und Schrauben, die mit Schminkfarben gezeichnet werden, zeigen, dass er mehr Monster als Mensch ist. Die klassischen Geister kommen mit einem einfachen weißen Bettlaken aus, in das Löcher für Augen, Nase und Mund geschnitten werden. Mitleid erregend ist das Unfallopfer, das mit zerrissenen Kleidern, Schrammen und blauen Flecken schaurig-traurig anzusehen ist. Verschiedene Monster, Zauberer, Hexen, Zombies und fantastische Gruseltiere entstehen aus der Fantasie der Gäste.

Material
Karton,
alte Kleider,
dunkle Tücher,
Fingerhandschuhe
aus Leder, alte
Betttücher,
Stoffbinden,
Karton, Schere,
Farbstifte,
Gummibänder,
Schminkfarben,
Stoffreste

Kürbisfratzen-Girlande

Das Tonpapier wird der Länge nach halbiert und wie eine Ziehharmonika zusammengefaltet (1). Auf das oberste Blatt wird die Kürbisfratze gezeichnet (2), dann wird die Zeichnung ausgeschnitten, wobei der Rand links und rechts nicht ganz abgeschnitten werden darf, da hier die Fratzen aneinander hängen (3). Mehrere solcher Girlandenteile mit unterschiedlichen Fratzen können aneinander geklebt und zu einer langen Girlande vereint werden.

1

2

3

Material
gelbes und orange-
farbenes Ton-
papier, Schere,
Klebstoff, Stift

79

Kleine Tuchgespenster

Material
weiße Tücher
(z. B. Bettlaken),
Zeitungspapier,
Stifte, Schere,
Schnur

Aus einem weißen Tuch werden Quadrate mit etwa 20 bis 30 Zentimeter Seitenlänge ausgeschnitten. In die Mitte jedes Quadrats wird eine kleine Kugel zusammengeknülltes Zeitungspapier gelegt. Diese Kugel wird mit einem Stück Schnur abgebunden. Auf den so entstandenen Gespensterkopf kann mit Stiften ein trauriges, schauriges oder lustiges Gespenstergesicht aufgezeichnet werden. An der Schnur, die vom Hals ausgeht, und an zwei weiteren Schnüren, die zwei Ecken des Tuchs wie Hände in die Höhe halten, wird das Tuchgespenst aufgehängt.

Becherspinnen

Material
leere Jogurt-
becher, wasser-
feste schwarze
Stifte, Schere,
Schnur

Die Jogurtbecher werden innen und außen mit schwarzen Filzstiften bemalt. Nur auf der Bodenunterseite, die der Kopf der Spinne darstellt, bleiben zwei weiße Flecken. Das sind die Augen, in die zusätzlich Pupillen gemalt werden. Die Jogurtbecher werden umgedreht und vom Rand her bis zum Boden mit der Schere eingeschnitten, sodass etliche dünne »Spinnenbeine« entstehen. Die Schnittkanten werden ebenfalls bemalt. In die Mitte des Bodens wird ein kleines Loch gestochen. Durch dieses Loch wird die Schnur geführt und innen verknotet. An dieser Schnur kann die Spinne aufgehängt werden.

Kürbislaternen

Material
Kürbisse oder
Runkelrüben,
spitzes Messer,
Teelichter

Egal, ob Kürbisse, Zierkürbisse oder Runkelrüben – aus allen diesen Gewächsen lassen sich tolle Laternen basteln. Zunächst schneidet man einen Deckel ab und höhlt die Frucht aus. Dann werden mit

dem Messer Augen und Mund eingeschnitten. Zum Schluss setzt man ein Teelicht in den Kürbis und zündet es an.

Kürbispuzzle

Auf die Tonkartonbögen wird der Umriss jeweils eines Kürbisses gezeichnet, und mit ein paar typischen Strichen wird die Struktur der Oberfläche angedeutet. Dann werden die Kürbisse ausgeschnitten und mit wenigen Schnitten in etwa zehn Puzzleteile getrennt. Alle Teile werden vorsichtig gemischt, und nun darf ein Partygast nach dem anderen versuchen, die Kürbisse zusammenzusetzen. Wem gelingt es am schnellsten? Eventuell können sich die Gäste auch in kleine Gruppen zusammenfinden und gemeinsam versuchen, die Kürbispuzzles zu legen.

Material
einige Bögen großer, orangefarbener Tonkarton, Stift, Schere

Fühl mal, wie gruselig

In jede Schüssel wird etwas eingefüllt, zum Beispiel etwas Wasser mit Eiswürfeln, ein mit warmem Wasser gefüllter Gummihandschuh, Haushaltsgummiringe, Watte, Mehl ... Die Schüsselchen werden mit Tüchern zugedeckt, sodass keiner sehen kann, was sich darin befindet. Ein Partybesucher nach dem anderen fasst nun vorsichtig und in schauriger Erwartung in die verschiedenen Schüsselchen und muss erraten, was er greift. Dann notiert er seine Vermutung auf einem Stück Papier. Zum Schluss wird ermittelt, welcher Partygast die meisten Dinge erraten hat.

Material
mehrere Schüsseln, Tücher zum Abdecken, Wasser, Eiswürfel, Kastanienschalen, Mehl, Watte, Haushaltsgummis, Gummihandschuh, unaufgeblasene Luftballons, ein nasser Schwamm, getrocknete Pflaumen, Stifte, Papier

Tanz der Vampire

Material
Kassetten-
rekorder,
Knoblauchknolle

Alle Partygäste tanzen zur Musik, die aus dem Kassettenre
korder ertönt, als Vampire durch den Raum. Dabei reich
einer dem anderen eine Knoblauchknolle weiter. Jeder versucht
sie möglichst schnell loszuwerden, denn Vampire hassen Knob
lauch. Wenn die Musik aussetzt, muss sich der Vampir
bei dem die Knoblauchknolle
gerade gelandet ist
auf den Boden setzen
Zum Schluss bleib
nur noch ein Vampi
übrig. Er darf die anderen
schließlich mit einem kur
zen Biss in den Hals wieder
zum Leben erwecken.

Konfetti-Figuren

Material
viele Konfetti

Die Kinder sitzen um einen Tisch mit einer glatten Ober
fläche, in dessen Mitte ein großer Haufen Konfettischnip
sel liegt. Das Geburtstagskind beginnt und nennt einen Gegen
stand, eine Person oder ein Tier, das mit Halloween zu tun ha
Alle anderen holen sich hastig Konfettis aus der Tischmitte. Si
dürfen aber immer nur ein Schnipselchen mit einem Finger neh
men und über die Tischfläche ziehen. Mit den Schnipseln versu
chen sie, den genannten Gegenstand als Bild darzustellen. We
als Erster damit fertig ist, darf de
nächsten Begriff nennen.

Das Huhu-Alphabet

Das Geburtstagskind beginnt dieses Spiel und gibt ein Wort vor, das nicht allzu lang ist, zum Beispiel »Blut«. Dann sagen alle gemeinsam laut und langsam das Alphabet auf, wobei alle Buchstaben, die im genannten Wort vorkommen, durch ein schauriges »Huhu« ersetzt werden müssen. Also: A, Huhu, C, D, E, F, G, H ... Wer irrtümlich einen Buchstaben sagt, der durch Huhu hätte ersetzt werden müssen, gibt ein Pfand. In der zweiten Spielrunde dürfen die Begriffe schon etwas länger sein. In der dritten Runde schließlich muss das Aufsagen des Alphabets etwas schneller gehen.

Pfänder auslösen

Nun werden die Pfänder ausgelöst, die beim »Huhu-Alphabet« eingesammelt wurden. Dazu machen sich alle Gäste mit ein paar Grusellaternen auf den Weg durch die Nachbarschaft. Das Geburtstagskind weiß Bescheid, welcher Nachbar den Anblick von Monstern, Draculas und Zombies ertragen kann oder sogar lustig findet. An einer Tür nach der anderen wird geklingelt, und immer das Kind, das ein Pfand auslösen will, stellt sich und die übrige Gesellschaft dar und beginnt ein Gespräch mit den Nachbarn, wünscht eine angenehme Nachtruhe und weiterhin viel Gesundheit oder animiert die anderen dazu, gemeinsam ein kurzes Lied vorzutragen. Vielleicht bekommt die bunte Gesellschaft auch im einen oder anderen Haus eine Süßigkeit angeboten.

Mumien wickeln

Material
mehrere lange
Mullbinden,
Würfel

Die Partygesellschaft wird in zwei gleich große Gruppen geteilt – in die Gruppe der Mumienwickler und in die der Mumienentdecker. Ein Mitspieler bleibt übrig, er ist die Mumie. Die Mumie stellt sich mit geschlossenen Beinen in die Mitte des Raums, und die Gruppe der Mumienwickler beginnt an einem Fuß, die Mumie einzuwickeln. Währenddessen würfeln die Mumienentdecker. Sobald sie dreimal die 6 gewürfelt haben, müssen die Mumienwickler mit dem Einwickeln aufhören, und die Mumienentdecker wickeln die Mumie wieder aus. Der Spielleiter achtet darauf, dass beim Mumienauswickeln die Mullbinde wieder ordentlich zusammengerollt wird. Währenddessen würfelt die Gruppe der Mumienwickler so lange, bis sie zweimal eine 6 hat – dann darf sie die Mumie weiter einwickeln. Wenn die Schultern erreicht sind, werden die Gruppen getauscht.

Abschlusslied

Zum Abschluss der Halloween-Party werden drei Kürbislampen in die Mitte des Raums gestellt. Alle Gäste fassen sich an den Händen und gehen im Kreis um die Laternen. Dabei singen sie das Lied von den drei kleinen Kürbissen. Danach werden aus den Gruselgestalten wieder normale Menschen.

One litt - le, two litt - le, three litt - le pump - kins
sitt - ing on the fence like coun - try bum - kins
they jumped off and bumped their rum - kins
one Oc - to - ber night.

Gruselshake

Der Johannisbeersaft und der Traubensaft werden mit dem Mineralwasser gemischt und in einer großen Bowle serviert. In das Getränk werden einige rote Weingummiwürmer gelegt, die für den Gruseleffekt sorgen. Eklig sind auch Plastikspinnen, die zur Zierde in die Bowle gelegt werden. Jeder kann sich nun mit dem Schöpflöffel selbst bedienen.

Zutaten

1 l roter Johannisbeersaft, 2 l roter Traubensaft, $1/2$ l Mineralwasser mit viel Kohlensäure, Weingummiwürmer, Plastikspinnen

Ekelglibber

Der Wackelpudding wird gemäß Zubereitungsanleitung angerührt, doch statt der angegebenen Menge Wasser wird eine Tasse mehr dazugeschüttet, damit der Wackelpudding nicht zu fest wird. Wenn die Puddingmasse abgekühlt ist und allmählich geliert, wird sie nochmals gut durchgerührt und in Schüsseln auf den Tisch gestellt. Jedes Kind kann sich nun mit einem Schöpflöffel von der Glibbermasse nehmen und sie mit einem dicken Trinkhalm aufsaugen – unter Gruselgestalten darf dabei natürlich laut geschlürft werden.

Zutaten

roter und grüner Wackelpudding, Trinkhalme

Kürbissuppe

Das Kürbisfleisch würfeln und mit den gewaschenen und klein geschnittenen Lauchstangen in einem großen Topf weich dünsten. Die Sahne dazugeben und die Masse mit dem Pürierstab zu einem sämigen Brei verarbeiten. Die Suppe mit Salz, etwas Pfeffer und ganz wenig Muskatnuss würzen, den Orangensaft dazugeben. Noch einmal aufkochen lassen und die Kürbissuppe dann heiß servieren.

Zutaten

2 kg Kürbisfleisch, 2 Stangen Lauch, 400 g Sahne, Salz, Pfeffer, Muskatnuss, 1 Glas Orangensaft

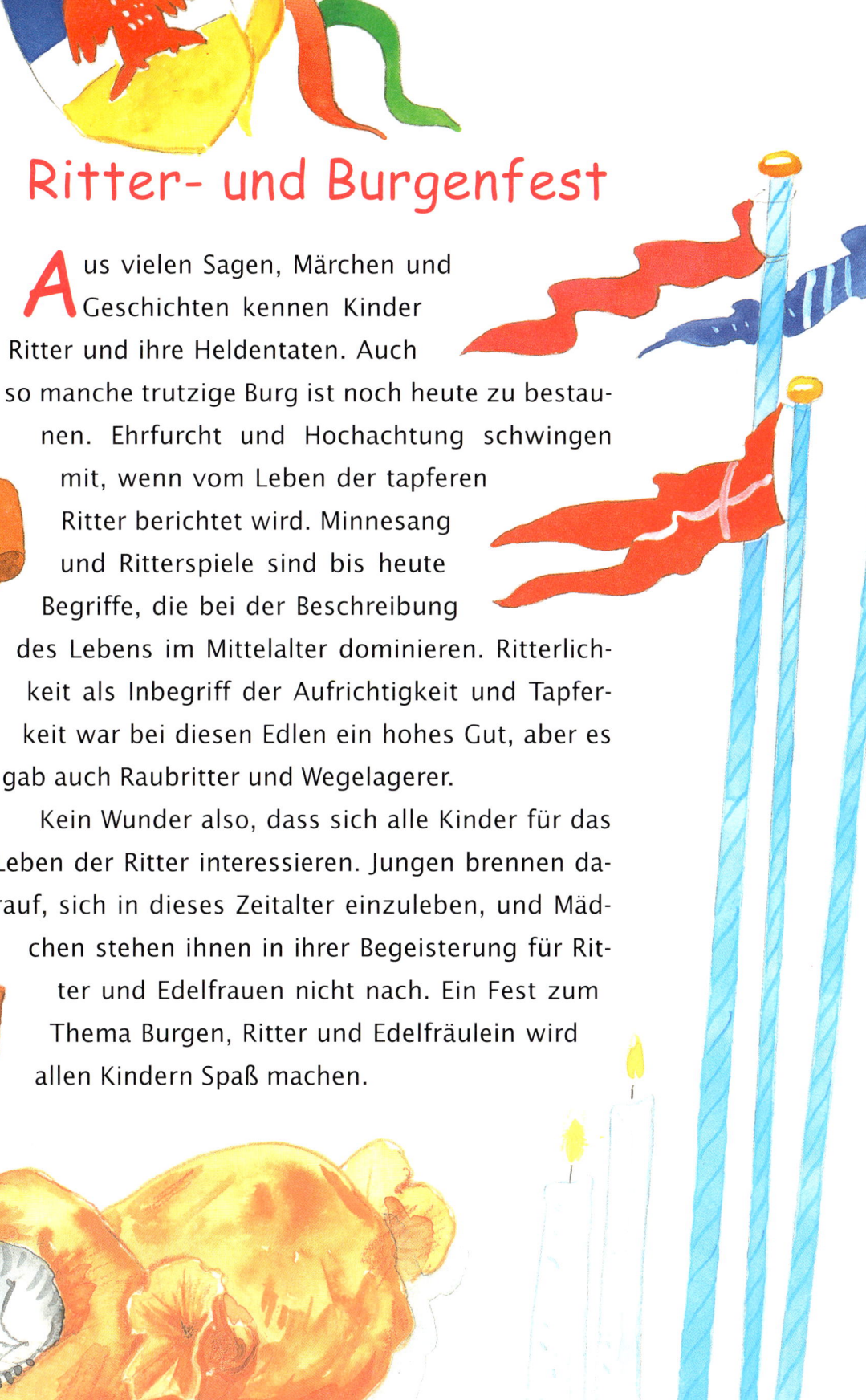

Ritter- und Burgenfest

Aus vielen Sagen, Märchen und Geschichten kennen Kinder Ritter und ihre Heldentaten. Auch so manche trutzige Burg ist noch heute zu bestaunen. Ehrfurcht und Hochachtung schwingen mit, wenn vom Leben der tapferen Ritter berichtet wird. Minnesang und Ritterspiele sind bis heute Begriffe, die bei der Beschreibung des Lebens im Mittelalter dominieren. Ritterlichkeit als Inbegriff der Aufrichtigkeit und Tapferkeit war bei diesen Edlen ein hohes Gut, aber es gab auch Raubritter und Wegelagerer.

Kein Wunder also, dass sich alle Kinder für das Leben der Ritter interessieren. Jungen brennen darauf, sich in dieses Zeitalter einzuleben, und Mädchen stehen ihnen in ihrer Begeisterung für Ritter und Edelfrauen nicht nach. Ein Fest zum Thema Burgen, Ritter und Edelfräulein wird allen Kindern Spaß machen.

Dekoration und Vorbereitung

Material
dicke und dünne
Kerzen, Fackeln,
mit Schaumstoff
gefüllte Säcke,
Tapeten, Farben

Namen für
die Burgdamen:
Hermine, Kuni-
gunde, Gothild,
Huldfrieda, Fried-
berta, Adelgunde,
Notburga, Freya

D as Alltagsleben in der Ritterburg war recht karg, und so ist der Festraum eher zurückhaltend geschmückt. Einfache dicke und dünne Kerzen stehen auf Tellern und beleuchten den Raum. Im Freien stecken Fackeln im Boden, die bei Bedarf angezündet werden können. Der Tisch ist ebenfalls mit Kerzen geschmückt, und auf der rohen Tischplatte stehen einfache Teller. Als Besteck eignen sich alte, verbogene Gabeln und Küchenmesser. Ungepolsterte Stühle stehen um den Tisch, lediglich das Geburtstagskind bekommt einen Polsterstuhl. Als Trinkgefäße dienen schmucklose Becher, nur beim Platz mit dem Polsterstuhl steht ein schönes Glas. Auf dem Boden liegen mit Schaumstoff gefüllte Säcke, die das Strohlager darstellen. Hier können sich die Ritter und Edelfrauen zwischendurch ausruhen. Die Wände sind mit langen Tapetenbahnen geschmückt, auf denen die dicken Quader der Steinwände, Zinnen und Burgtürmchen zu sehen sind.

Einladungskarten

Material
hellgrauer Ton-
karton, Bleistift,
Buntstifte

A us dem Tonkarton im Querformat wird mit Hilfe eines Bleistifts die Silhouette einer prächtigen Ritterburg. Links und rechts erheben sich Wachtürme mit Wimpeln über das angedeutete Mauerwerk; Fenster und in der Mitte eine große Zugbrücke dürfen auch nicht fehlen. Die Zinnen und die Türmchen am oberen Kartonrand werden ausgeschnitten, auf der Burg steht in schnörkeliger Schrift der Einladungstext.

Gewänder für Burgbewohner

In die Mitte einer Stoffbahn, die etwa doppelt so lang ist wie die Strecke von der Schulter bis zum Knie, wird ein Loch geschnitten, durch das der Kopf gesteckt werden kann. An der Brustseite erhält der Überwurf einen Kragenschlitz oder ist ganz offen. Am Kragen und an den Seiten werden Löcher für die Stoffbänder oder Schnüre gestochen, mit denen das Gewand geschlossen werden kann. Die Gewänder werden mit Stoffmalfarben bemalt. Ein breiter Ledergürtel hält die Gewänder der Ritter in der Taille zusammen, bei den Burgfräulein wird dazu ein breites Stoffband genommen.

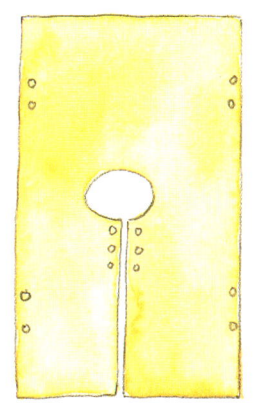

Material
große Stoffreste oder alte Bettlaken, Stoffmalfarbe, Ledergürtel, Schere, Bänder, Schnüre

Hut des Burgfräuleins

Aus dem Tonkarton (oder einem anderen Karton) wird ein Viertelkreis ausgeschnitten, wie eine Schultüte zu einem spitzen Kegel zusammengedreht und je nach Kopfumfang des Burgfräuleins zusammengeklebt. Der Kegelhut wird mit einem oder mehreren Stücken Stoff beklebt und bekommt so ein edles Aussehen. An die Spitze klebt man ein paar Stoffbänder, und auch am unteren Rand werden links und rechts zwei Stoffstreifen befestigt, mit denen der Hut unterm Kinn festgeschnürt werden kann.

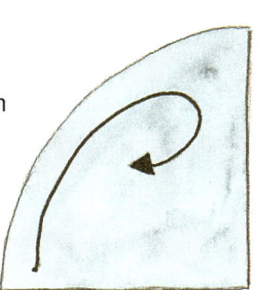

Material
großer Tonkarton, Stoffreste, Stoffbänder, Schere, Klebstoff

Namen für die Ritter: Diethelm, Walderich, Lambert, Willibald, Chlodwig, Laurin, Engelbert, Notker, Otakar, Quirin, Zeno

89

Leichter Helm

Material
Karton, Schere,
Klebstoff, Klebe-
band, Alufolie

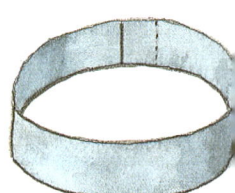

Aus Karton wird ein etwa fünf Zentimeter breiter Streifen als Stirnband
geschnitten, der so lang sein sollte wie
der Kopfumfang des Ritters (fünf Zentimeter an der Länge als Klebelasche zugeben). Das Band klebt man nun zu einem
geschlossenen Ring zusammen. Dann
werden die Helmsegmente aus gefalte-
ten Kartonstreifen oben spitz zulaufend
zugeschnitten und nebeneinander an das
Stirnband geklebt. Die hoch stehenden Spitzen werden zusammengefasst und mit Klebeband fixiert, sodass ein spitz zulaufen-
der Helm entsteht. Zum Schluss wird der
Papphelm mit Alufolie überzogen.

Schwert

Material
fester Karton,
Schere, Klebstoff,
Lederreste,
Wasserfarben

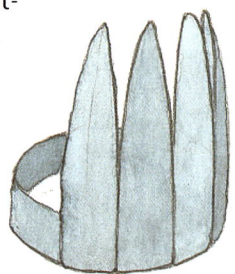

Auf Karton werden die Klinge und
der Griff für ein langes Ritter-
schwert aufgezeichnet. Der Handschutz
wird extra ausgeschnitten, über den Griff
geschoben und
mit Klebstoff fixiert.

Der Griff des Schwerts wird mit
Leder umwickelt, das ebenfalls
festgeklebt wird. Die Klinge
wird stahlgrau angemalt
und ausgeschnitten. Um das
Schwert stabiler zu machen,
können die Formen auch doppelt ausgeschnitten und dann
aufeinander geklebt werden.

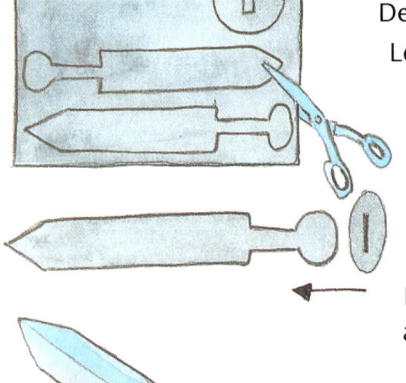

Schilde

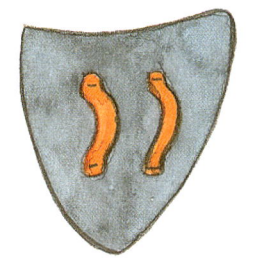

Jeder Ritter braucht einen Schild, der mit einem eigenen Wappenbild versehen ist. Aus dickem Karton wird die Form des Schildes ausgeschnitten, dann wird der Schild bemalt. Auf die Rückseite werden zwei Lederschlaufen (oder Schlaufen aus festem Stoff) geklebt und getackert, an denen der Schild gehalten werden kann.

Material
dicker Karton, Schere, Wasser- oder Fingerfarben, Lederreste, Klebstoff, Tacker

Brustpanzer

Um bei den Burgspielen einigermaßen geschützt zu sein, brauchen die Ritter auch einen Brustpanzer. Aus Karton wird je nach Größe des Gastes ein Brustpanzer ausgeschnitten, der oben mittig eingeschnitten wird. So kann er etwas nach hinten gebogen und der Körperform angepasst werden. Die Armansätze und der Halsansatz werden ausgespart. Im Rücken wird der Brustpanzer mit Gummibändern versehen, sodass er über den Kopf gestreift werden kann. Zum Schluss wird der Panzer mit Eisengrau grundiert und mit einem einfachen Zeichen verziert. Dabei kann es sich um ein Kreuz handeln – das Zeichen der Ritter, die um das Heilige Land kämpften – oder um ein Wappen.

Material
Karton, Schere, Gummibänder, Wasserfarben

Die Burg stürmen

Aus leeren Blechdosen wird eine »Burg« aufgetürmt. Das Zeitungspapier wird fest zusammengeknüllt und mit Klebeband umwickelt. Ein Partygast nach dem anderen stellt sich nun im Abstand von ein paar Metern vor der Burg auf und darf mit den Zeitungspapierbällen auf die Burg werfen. Wer stürmt die Burg mit den wenigsten Würfen?

Wettreiten

Nachdem Start und Ziel festgelegt wurden, bekommt ein Ritter beziehungsweise ein Burgfräulein nach dem anderen einen Besenstiel, den er oder sie sich als Pferd zwischen die Beine klemmen muss. Dann trabt der Reiter los. Damit die Sache nicht zu einfach wird, muss jeder Reiter beziehungsweise jede Reiterin einen leeren Jogurtbecher auf dem Kopf balancieren. Wer schafft die Strecke am schnellsten, ohne den Jogurtbecher zu verlieren?

Ballons treten

Alle Ritter und Burgdamen bekommen einen Luftballon, den sie aufblasen, zuknoten und mit einer etwa 70 Zentimeter langen Schnur an ihrem Knöchel festbinden. Anschließend versucht jeder, auf den Ballon eines anderen zu treten beziehungsweise den Tritten der anderen auszuweichen. Wessen Ballon bleibt am längsten heil?

Kampf ums Goldene Vlies

Für dieses Spiel werden Ritter und Burgdamen in zwei gleich große Gruppen geteilt, die sich gegenüberstehen. Zwischen ihnen liegt das begehrte Goldene Vlies. Auf ein Startsignal hin stürzen sich alle darauf, um es für ihre Gruppe in Sicherheit zu bringen. Dabei darf das Goldene Vlies jedoch von jedem Spieler nur mit Daumen und Zeigefinger angefasst werden! Je mehr Kinder einer Gruppe mit diesem Pinzettengriff das Goldene Vlies halten, desto größer sind die Chancen, die Trophäe auf die eigene Seite zu bringen.

Material
ein Stück
stabiler Stoff

Becherball

In den Boden eines Plastikbechers wird ein Loch gebort, durch das eine etwa 50 Zentimeter lange Schnur gezogen wird. Das Schnurende im Becher wird verknotet, am anderen Ende wird ein Ball befestigt. Dann wird der Becher ganz normal mit der Öffnung nach oben in der Hand gehalten, mit einem Schwung der Ball hochgeschleudert und mit dem Becher gefangen. Wie viele Versuche sind dazu nötig?

Material
Plastikbecher,
Schnur, Gummiball

Eselsschwanz

Auf ein Blatt Papier wird der Umriss eines Esels ohne Schwanz gezeichnet, dann wird das Papier auf dem Tisch festgeklebt. Einem Mitspieler nach dem anderen wird nun die Augenbinde umgelegt. Er wird an den Tisch geführt, auf den Stuhl vor dem Bild gesetzt und muss versuchen, den Schwanz des Esels anzufügen. Zuschauer und Zeichner selbst werden über die skurrilen Bilder lachen müssen.

Material
Zeichenpapier,
Klebestreifen,
Stift, Augenbinde

Mehl schöpfen

Material
Mehl, ein goldener oder silberner Knopf, Teelöffel

In der Tischmitte wird ein Mehlberg zusammengedrückt, auf dessen Spitze ein goldener oder silberner Knopf gelegt wird. Reihum muss nun jeder Partygast den Teelöffel nehmen und einen Löffel Mehl von dem Mehlberg abtragen, ohne dass der Knopf herunterfällt. Wem dieses Missgeschick passiert, der scheidet aus.

Würfelpärchen

Abwechselnd würfeln Ritter und Burgdamen so lange, bis ein Ritter und eine Dame die gleiche Augenzahl würfeln. Die Augenzahl der beiden Würfel wird notiert, und die beiden sind nun ein Minnepaar, das sich zur abschließenden Festpolonaise zusammenfindet.

Material
2 Würfel

Abschlusspolonaise

Zum Schluss des Ritter- und Burgenfestes stellen sich die Minnepaare hintereinander auf. Der Ritter nimmt die Hand seiner Burgdame. Mit großen, getragenen Schritten gehen sie nun mit oder ohne Musik im Kreis, wobei sie das Haupt und die Hände stolz erhoben halten.

Rittermet

Pro Liter heißes Wasser vier Teebeutel Apfeltee aufgießen und zehn Minuten ziehen lassen. Ist der Tee etwas abgekühlt, wird er mit Honig gesüßt. Ein wenig Zimt rundet den Geschmack dieses gesunden und durstlöschenden Getränks ab.

Zutaten

Apfeltee im Teebeutel, Honig, 1 Prise Zimt

Arme Ritter

Die Eier werden mit der Milch, dem Salz und dem Schnittlauch verquirlt. In dieser Masse werden die Toastbrotscheiben gewendet und anschließend in einer beschichteten Pfanne ohne Fett angebraten, bis die Brotscheiben leicht braun werden. Verwendet man eine Pfanne ohne Beschichtung, müssen die Brotscheiben mit etwas Butter angebraten werden. Die armen Ritter schmecken den hungrigen Rittern und Burgdamen am besten frisch aus der Pfanne.

Zutaten

pro Gast zwei Scheiben Toastbrot und 1 Ei, eine Tasse Milch, Salz, Schnittlauch, evt. Butter oder Margarine

Süße Beerengrütze

Die Schattenmorellen werden mit dem eigenen Saft in einem Topf langsam erhitzt. Eine Tasse Traubensaft, in die die Stärke eingerührt wurde, wird zugegeben und untergerührt, bevor der restliche Saft, der Puderzucker und schließlich die Beeren dazugegeben werden. Die Mischung kurz aufkochen lassen und in eine kalte Schüssel geben. Während die Beerengrütze abkühlt, wird die Sahne steif geschlagen und zum Schluss der Vanillezucker dazugegeben. Die Beerengrütze kann lauwarm oder kalt mit der Sahne als köstlicher Burgennachtisch serviert werden. Sollen sich die Ritter und Edelfräulein nicht selbst bedienen, empfiehlt es sich, die noch warme Beerengrütze in Schälchen abzufüllen.

Zutaten

1 Glas Schattenmorellen ohne Stein, 700 ml Traubensaft, 50 g Speisestärke, 100 g Puderzucker, 700 g frische oder aufgetaute Beeren (Erd-, Him-, Brom-, Johannisbeeren), 400 ml Sahne, 2 Päckchen Vanillezucker

Märchenfest

Bis ins Vorschul- und frühe Grundschulalter sind Märchen für Kinder spannende Geschichten, deren Inhalte fantastisch und unglaublich anmuten, die aber jeden faszinieren. Alle Kinder kennen und lieben Märchen, sie erleben mit den Figuren deren Abenteuer bis zum glücklichen Ende und können sie nicht oft genug hören. Was liegt also näher, als gerade für kleinere Kinder zum Geburtstag ein Märchenfest zu veranstalten? Den Kindern macht es großen Spaß, ihr Märchen-Wissen einzubringen, verschiedene Figuren darzustellen und Märchenszenen nachzuspielen oder als Anhaltspunkt für Spiele zu nehmen. Ein Märchenfest mit kleineren Kindern setzt aber auch die Mitwirkung eines Erwachsenen voraus, der Märchen ebenso gut wie die Kinder kennt und die Spielführung übernimmt.

Dekoration und Vorbereitung

Material

Krepppapier,
Gardinen- und
Spitzenstoffe,
Tonpapier, Gold-
papier, Teelichter,
Transparentpapier,
Fingerfarben oder
Window-Color,
dunkles Tuch,
Karton, Wasser-
farben, Schere,
Klebstoff

Mit einfachsten Materialien wird ein Märchenwald in der Festraum gezaubert. An der Decke hängen große blaue Krepppapierbahnen, die mit gelben Stoffsternen und Monden beklebt sind. Die Tische sind mit Decken aus Glitzerstoff bezogen, auf den Stühlen liegen schöne Kissen, und die Stuhllehnen schmücken kleine Kronen aus gelbem Tonpapier. Der Stuhl des Geburtstagskindes ist besonders prächtig geschmückt mit einer Krone aus Goldpapier. Überall stehen Teelichter in Gläsern, auf die märchenhafte Motive oder Sterne aus Transparentpapier geklebt sind. Die Fenster sind mit Märchenmotiven verziert (Fingerfarben oder Window-Color), und der Eingang zum Festraum wird als Märchentor gestaltet: Das obere Drittel des Türrahmens wird mit einem dunklen Tuch verhängt. Vor dem unteren Teil steht ein großes Stück bunt bemalter Karton, in der eine Tür eingeschnitten ist.

Einladungskarten

Material

brauner Foto-
karton, hellblauer
Fotokarton, Bunt-
stifte, Schere,
Klebstoff, Watte

Aus dem braunen Fotokarton werden kleine Rechtecke geschnitten. Diese werden mit Herzchen, Blumen, einem Schnörkelrand, Mandeln und so weiter bemalt, sodass sie wie Mini-Lebkuchen aussehen. Dann klebt man die »Lebkuchen« auf dem hellblauen Fotokarton zu einem Hexenhaus zusammen. Nun nur noch die Türen und Fenster aufzeichnen und auf den Kamin des Hexenhauses ein Stück Watte als Rauch kleben. Neben das Haus wird der Einladungstext geschrieben, außerdem können Hänsel und Gretel, eine Hexe oder andere Märchenfiguren dazugemalt werden.

Großes Lebkuchenhaus

Zu Beginn des Festes wird gemeinsam ein großes Lebkuchenhaus aus Pappkartons gebastelt. Ein Erwachsener schneidet in die Kartonwände Tür und Fenster. Die Dachschrägen werden aufgestellt und befestigt. Dann beklebt man das ganze Haus mit braunem Packpapier. Mit Finger- oder Wasserfarben werden Lebkuchenstücke aufgemalt.

Material
große Pappkartons, braunes Packpapier, Finger- oder Wasserfarben, Schere, Klebstoff, Tacker, Messer

Das Lebkuchenhaus bekommt einen schönen Platz im Festraum.

Gemeinsames Verkleiden

Wenn alle Gäste eingetroffen sind, wird beratschlagt, wer sich als welche Märchengestalt verkleidet. Gemeinsam werden die passenden Stoffe und Kleider ausgesucht. So bekommt Rotkäppchen eine Schürze und ein Käppchen aus rotem Stoff, der Wolf zieht einen braunschwarzen Umhang an und setzt sich Wolfsohren aus Pappe auf, die an einem Stirnband befestigt sind. Der Fantasie der Kinder sind keine Grenzen gesetzt.

Material
große und kleine Stoffreste, alte Kleider, Modeschmuck, Accessoires wie Körbchen, alte Kopfkissen, Stiefel

Königliche Kronen!

In einen breiten Streifen Tonkarton werden die wenigen großen Zacken der Königskrone oder die kleineren Zacken der Prinzessinnenkrone eingeschnitten. Der Kartonstreifen wird je nach Kopfumfang des Kindes gekürzt und zusammengeklebt. Dann kann er mit Goldpapier überzogen und mit Glasperlen und schönen Knöpfen beklebt werden.

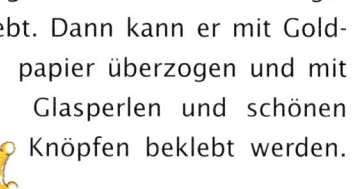

Material
gelber Tonkarton, Schere, Klebstoff oder Tacker, Goldpapier, Glasperlen und -steinchen, schöne Knöpfe

Märchenrätsel

Bei einer Pause mit erfrischenden Getränken stellt der Spielleiter oder die Spielleiterin ein paar Wissensfragen, die sicher alle Kinder beantworten können. Sind alle Rätselfragen gelöst, wird eine Runde Überraschungspudding (–> Seite 105) spendiert.

1. Wem soll Rotkäppchen Kuchen und Wein bringen?
2. Wer hat am Anfang des Märchens einen Goldklumpen, und wogegen tauscht er ihn ein?
3. Wer erweckt Dornröschen aus dem hundertjährigen Schlaf?
4. Was wird aus dem »hässlichen Entlein«?
5. Wer versteckt sich hinter den sieben Bergen bei den sieben Zwergen?
6. Was schüttelt Frau Holle, dass es schneit?
7. Wo versteckt sich das jüngste der Geißlein, um vom Wolf nicht gefressen zu werden? Wie heißt das Märchen, um das es geht?
8. Welche vier Tiere sind die Bremer Stadtmusikanten?
9. Hänsel und Gretel werden in den Wald geführt. Was lässt Hänsel beim ersten Mal fallen, um den Weg zurückzufinden?

Märchenrätsel

Material
Märchenbuch

Die Spielleiterin setzt sich mit einem Märchenbuch auf den Boden, und die Kinder versammeln sich im Halbkreis um sie herum. Dann schlägt sie das Märchenbuch auf und beginnt, aus einem Märchen ein paar Sätze vorzulesen. Wer erkennt als Erster, um welches Märchen es sich handelt? Wer richtig geraten hat, darf das Märchen zu Ende erzählen. Wenn kein Kind das Märchen kennt, wird es ganz vorgelesen.

Die Guten ins Töpfchen

In einer großen Schüssel werden getrocknete Erbsen und getrocknete Linsen miteinander vermischt. Einem Kind wird eine Augenbinde umgebunden, dann setzt es sich auf einen Stuhl vor die Schüssel. Links und rechts von der Schüssel stehen leere Schälchen. Nun soll das Kind in das linke Schälchen getrocknete Erbsen und in das rechte getrocknete Linsen sortieren. Nach und nach kommen alle Kinder an die Reihe.

Material
getrocknete Erbsen, getrocknete Linsen, Augenbinde oder ein weiches Tuch, Schüssel, Schälchen

Märchenpuzzles

Die Kinder malen in Zweiergruppen oder allein auf etwa DIN-A4 große Kartons Szenen aus verschiedenen Märchen, etwa Frau Holle, den Froschkönig, den Wolf und die sieben Geißlein, Schneewittchen und die Zwerge. Wenn alle Bilder fertig sind, werden sie in Puzzleteile zerschnitten und bunt gemischt in die Mitte des Tischs oder auf den Boden gelegt. In kleinen Gruppen machen sich nun die Kinder nacheinander an die Arbeit, die verschiedenen Märchenszenen wieder zusammenzusetzen. Welche Gruppe schafft es am schnellsten?

Material
dünne Kartons, Malstifte, Scheren

Rumpelstilzchens Wünsche

Das Geburtstagskind beginnt dieses Spiel, bei dem alle im Kreis stehen. Es stellt sich in die Kreismitte, verschränkt die Arme, stampft mit dem Fuß drei Mal auf den Boden und spricht laut einen Wunsch aus, zum Beispiel: »Ich wünsche, dass alle einmal schnell ums Haus laufen!« Alle Kinder machen sich nun auf den Weg und laufen ums Haus. Nach drei Wünschen tritt das Rumpelstilzchen ab, ein neues Kind wird Rumpelstilzchen und lässt die anderen nach seiner Pfeife tanzen.

Wolf und Geißlein

Material
Stock oder
Besenstiel

Eines der Kinder stellt den Wolf dar und zieht sich eine dunkle Jacke an, ein zweites Kind ist der Jäger, der einen Stock als Flinte bekommt, alle anderen Kinder sind die Geißlein. Der Wolf geht nun vor die Wohnungs- oder Haustür und wartet, bis sich alle Geißlein versteckt haben. Dann lässt ihn der Spielleiter herein, und der Wolf beginnt, die Geißlein zu suchen. Wenn er alle bis auf eines entdeckt hat, treibt er sie in einem Zimmer zusammen und bewacht sie. Das letzte Geißlein läuft dann zum Jäger und bittet ihn um Hilfe. Der Jäger nimmt sein Gewehr, vertreibt den Wolf und befreit die Geißlein, worauf das Spiel mit einem neuen Wolf erneut beginnen kann.

Der Weg durch den Wald

Material
Konfettis in
verschiedenen
Farben, kleine
Geschenke

Ausgehend vom Festraum, legt der Spielleiter mit Konfettis je einer Farbe eine Spur durch die Wohnung oder durch das Haus zu verschiedenen Verstecken. Dort sind diverse Dinge verborgen, etwa ein Comic, ein Buch, ein Spielzeugauto oder eine Süßigkeit, die die Kinder mit nach Hause nehmen dürfen. Im Festraum finden sich inzwischen die Kinder immer zu zweit zusammen wie Hänsel und Gretel. Sind alle Dinge versteckt, wird bestimmt, welche Gruppe welcher Konfettifarbe folgt. Je länger die Konfettispur ist, desto interessanter wird das Suchspiel. Manchmal müssen sich die Kinder anstrengen, die Schnipsel überhaupt zu finden. Wenn schließlich alle das Versteck am Ende ihrer Spur entdeckt und den Gegenstand gefunden haben, müssen sie die Spur wieder zurückverfolgen und dabei die Konfettischnipsel aufheben. Zurück im Festraum zeigen alle, was sie gefunden haben.

Goldmarie, Pechmarie

Aus Pappe werden mehrere Scheiben mit einem Durchmesser von etwa 50 Zentimeter ausgeschnitten. Die Hälfte der Scheiben wird schwarz bemalt, die andere Hälfte gelb, dann werden sie im ganzen Raum verteilt. Die Kinder hüpfen zur Musik durch den Raum, bis die Spielleiterin plötzlich die Musik ausschaltet und laut »Goldmarie« oder »Pechmarie« ruft. Bei »Goldmarie« müssen alle so schnell wie möglich auf eine gelbe Pappscheibe hüpfen, bei »Pechmarie« auf eine schwarze.

Material
Pappe, Scheren, gelbe und schwarze Farbe, Kassettenrekorder

Ali Babas Schatzkiste

Mit seinen 40 Räubern hat Ali Baba viele Schätze erbeutet, doch statt sie in einer Höhle zu lagern, hat er sie im Sand vergraben. In einer Plastikwanne, die beinahe ganz voll mit Sand ist, werden kleine Spielzeugautos und -figuren oder Bonbons versteckt. Diese kleinen Überraschungen werden einzeln in nicht aufgeblasene Luftballons gesteckt, die zugeknotet werden. Die Kindergruppe beginnt nun, reihum neben der Wanne zu würfeln. Hat ein Kind eine 6 gewürfelt, geht es schnell zur Wanne, buddelt mit dem bereit liegenden Löffel im Sand und versucht, einen von Ali Babas Schätzen zu finden. In der Zwischenzeit würfeln die anderen Kinder weiter, und sobald das nächste Kind eine 6 gewürfelt hat, geht es zur Wanne, bekommt den Löffel und darf buddeln. Im Lauf des Spiels kommen so alle Kinder irgendwann an die Reihe und können hoffentlich Ali Babas Schatzkiste alle Überraschungen entreißen.

Material
eine kleine Plastikwanne mit Sand, kleine Überraschungen (Spielzeugautos, Bonbons), Luftballons, Esslöffel, Würfel

103

Dornröschen war ein schönes Kind

Das Fest findet mit dem Märchensingspiel von Dornröschen, das von allen Kindern gemeinsam gesungen und aufgeführt wird, sein Ende. Zu besetzen sind dabei die folgenden Rollen: Dornröschen, böse Fee, gute Fee, Prinz. Die anderen Kinder bilden den Hofstaat und stellen die Hecke und das Schloss dar.

1. Dorn - rös-chen war ein schö-nes Kind, schö-nes Kind, schö-nes Kind, Dorn - rös-chen war ein schö-nes Kind, schö - nes Kind.

2. Es wohnt in einem Zauberschloss, Zauberschloss, Zauberschloss, es wohnt in einem Zauberschloss, Zauberschloss. (Alle Kinder stehen im Kreis um Dornröschen.)

3. Dornröschen nimm dich ja in Acht, ja in Acht, ja in Acht, Dornröschen nimm dich ja in Acht vor einer bösen Fee. (Die böse Fee geht außen um den Kreis der Kinder, die mahnend den Finger heben.)

4. Dornröschen, du musst sterben, sterben, sterben, Dornröschen, du musst sterben, sterben. (Die böse Fee durchbricht den Kreis und stellt sich vor Dornröschen, dann flieht sie aus dem Kreis.)

5. Da kam die gute Fee herein, Fee herein, Fee herein, da kam die gute Fee herein und sprach zu ihr. (Die gute Fee tritt in den Kreis zu Dornröschen und hält die Hände über seinen Kopf.)

6. Dornröschen schlafe hundert Jahr, hundert Jahr, hundert Jahr, Dornröschen schlafe hundert Jahr, hundert Jahr. (Dornröschen sinkt auf den Boden, die gute Fee verlässt den Kreis.)

7. Da wuchs die Hecke riesengroß, riesengroß, riesengroß, da wuchs die Hecke riesengroß, riesengroß. (Die Kinder im Kreis recken die Arme in die Höhe.)

8. Als hundert Jahr vorüber sind, vorüber sind, vorüber sind, da kommt ein junger Prinz geschwind, Prinz geschwind. (Der Prinz geht um den Kreis der Kinder.)

9. Er schlägt die Hecke mittendurch, mittendurch, mittendurch, er schlägt die Hecke mittendurch, mittendurch. (Der Prinz kämpft sich durch die Hecke und stellt sich vor Dornröschen.)

10. Dornröschen, wache wieder auf, wieder auf, wieder auf, Dornröschen, wache wieder auf, wieder auf. (Der Prinz kniet sich nieder, und Dornröschen schlägt die Augen auf.)

11. Sie feierten ein großes Fest, großes Fest, großes Fest, sie feierten ein großes Fest, und alle freuten sich. (Prinz und Dornröschen halten sich an den Händen und drehen sich im Kreis. Auch die anderen Kinder tanzen als Hofstaat, selbst die beiden Feen tanzen mit.)

Überraschungspudding

Der Schokoladen- und der Vanillepudding werden nach Rezept gekocht. In bereit stehende Schälchen wird etwas Schokopudding und etwas Vanillepudding gegeben und mit einem Schaschlikspieß ein wenig verrührt, sodass eine interessante Marmorierung entsteht. In einem Puddingschälchen wird außerdem als Überraschung eine getrocknete Erbse versteckt.

Zutaten

Milch, Fertigpudding Schokolade und Vanille, eine getrocknete Erbse

Frau Holles Bananenpfannkuchen

Eier und Milch mit dem Quirl verrühren und mit zwei Prisen Salz würzen. Das gesiebte Mehl unterrühren und den Teig eine halbe Stunde quellen lassen. In der Zwischenzeit die geschälten Bananen in dünne Scheiben schneiden. Dem Teig etwas Mineralwasser zugeben und ihn nochmal aufrühren. In eine kleine beschichtete Pfanne etwas Teig geben und auf dem Pfannenboden verteilen. Wenn die Unterseite des Pfannkuchens goldgelb gebacken ist, den Pfannkuchen drehen und mit Bananenscheiben belegen. Die fertige Pfannkuchen im Herd warm halten und alle Pfannkuchen auf einmal servieren.

Zutaten

4 frische Eier, 1/2 l Milch, etwas Salz, 100 g Mehl, 3 bis 4 reife Bananen, etwas Mineralwasser mit Kohlensäure

Rosa Märchenminztee

Die Pfefferminzteeblätter mit einem Liter kochendem Wasser aufgießen und zehn Minuten ziehen lassen. Wenn der Tee schon stark abgekühlt ist, wird er mit Honig gesüßt. Zum Schluss den Traubensaft und den Apfelsaft zugeben, sodass sich ein märchenhaft rosafarbenes, erfrischendes Getränk ergibt.

Zutaten

Pfefferminzteeblätter oder -beutel, 3 TL Honig, 1 l roter Traubensaft, 1 l Apfelsaft

Detektivparty

Im Gegensatz zu den aktionsreichen Abenteuerfesten, die thematisch am Seeräuber- oder Indianerleben ausgerichtet sind, zeigen vor allem ältere Kinder auch großes Interesse am Thema Detektive. Spiele und Aufgaben, bei denen logisches Denkvermögen, Spürsinn, Hartnäckigkeit, Sprachbeherrschung, Wissen und detektivische Kombinationsfähigkeit gefragt sind, stehen hier im Vordergrund, und so kommen oft ruhigere Kinder und verstärkt auch Mädchen zum Zug. Das heißt natürlich nicht, dass eine Detektivparty langweilig und ruhig verläuft, im Gegenteil, manchmal geht es spannend und turbulent zu.

Bei der Detektivparty beschränkt sich die Mithilfe Erwachsener meist auf die Vorbereitung. Die Kinder sind alt genug, alle Spiele selbst durchzuführen und abzuwandeln.

Dekoration und Vorbereitung

Material
Karton, Filzstift, Kleiderständer, Mäntel, alte Trenchcoats, Mützen und Hüte, Sonnenbrillen, Handschellen aus Pappe, Lupen, Schreibtischlampen

Der Festraum für die Detektivparty ist relativ nüchtern ausgestattet. An die Tür kommt ein großes Kartonschild, das in einfachen Lettern den Schriftzug »DETEKTIVBÜRO« zeigt. Im Raum steht ein großer Kleiderständer, an dem Mäntel oder Trenchcoats und verschiedene Mützen und Hüte hängen. Ein alter Büroschreibtisch ziert den Raum, daneben sind viele einfache Holzstühle aufgestellt. Überall verteilt liegen Sonnenbrillen und aus Pappe gebastelte Handschellen und Lupen. Der Raum wird von möglichst vielen Schreibtischlampen beleuchtet.

Einladungskarten

Material
alte Schreibmaschine, weißes Schreibmaschinenpapier

Auf einer alten Schreibmaschine wird der Einladungstext jedes Mal neu getippt. Der Brief muss nicht perfekt geschrieben sein, denn welcher Detektiv kann sich schon eine Sekretärin leisten. Verbesserungen gehören also zum guten Stil. Die Einladung könnte etwa lauten:

Liebe Detektivkollegin · Lieber Detektivkollege!

Zum Lösen einiger schwieriger Fälle und zum Feiern meines Geburtstags brauche ich dringend Eure Hilfe. Bitte kommt unauffällig am ... um ... Uhr zu meinem Büro in der ... Bringt bitte Notizblock und Bleistift mit, und vergesst nicht Sonnenbrille, Trenchcoat und Mütze. Falls alles glatt läuft, haben wir die Fälle gegen ... gelöst. Bitte lasst mich nicht im Stich.

Mit detektivischen Grüßen

Begrüßung

W enn alle Gäste eingetroffen sind, wird gemeinsam das Haus beziehungsweise die Wohnung überprüft, ob sich ein Spion versteckt hält oder irgendwo Wanzen angebracht sind. Anschließend versammeln sich alle im Büro (Festraum), legen Mäntel, Mützen und Sonnenbrillen ab und beginnen, die Gaunerkartei anzulegen.

Gaunerkartei

D ie Detektive und Detektivinnen finden sich in Zweiergruppen zusammen. Gemeinsam blättern sie die Zeitschriften durch und schneiden verdächtige Personen, Männer und Frauen, aus. Die Personen werden einzeln auf die Karteikarten geklebt, auf die Rückseite kommen Notizen und Informationen zu den Personen. Die Rubriken sind: Name, Alias-Namen, Szenenamen, Größe, Alter, Augenfarbe, Besondere Merkmale, Vorstrafen, Bemerkungen. Nachdem alle Gruppen ein paar Karteikarten angelegt haben, informieren sie sich gegenseitig über die Gaunerinnen und Gauner, indem sie die Karteikarten zeigen und vorlesen.

Material

alte Zeitschriften,
Karteikarten,
Stifte, Schere,
Klebstoff

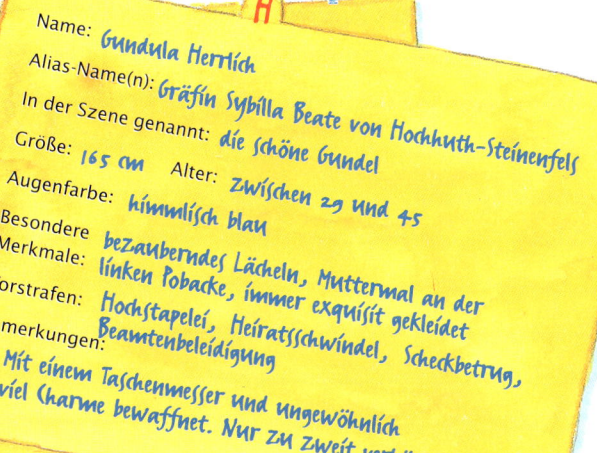

Name: Gundula Herrlich
Alias-Name(n): Gräfin Sybilla Beate von Hochhuth-Steinenfels
In der Szene genannt: die schöne Gundel
Größe: 165 cm   Alter: zwischen 29 und 45
Augenfarbe: himmlisch blau
Besondere Merkmale: bezauberndes Lächeln, Muttermal an der linken Pobacke, immer exquisit gekleidet
Vorstrafen: Hochstapelei, Heiratsschwindel, Scheckbetrug, Beamtenbeleidigung
Bemerkungen: Mit einem Taschenmesser und ungewöhnlich viel Charme bewaffnet. Nur zu zweit verhören!

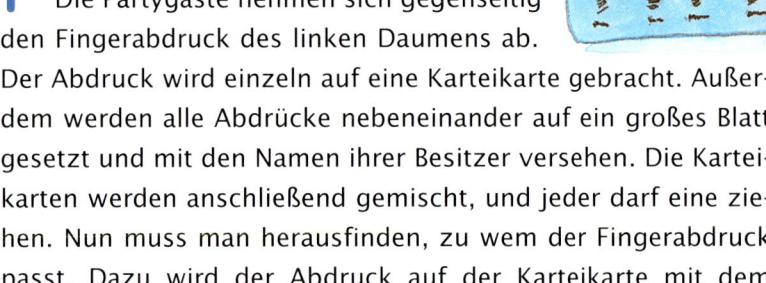

Fingerabdrücke

Material
Stempelkissen,
ein großes Blatt,
Karteikarten

Fingerabdrücke können Täter entlarven. Die Partygäste nehmen sich gegenseitig den Fingerabdruck des linken Daumens ab. Der Abdruck wird einzeln auf eine Karteikarte gebracht. Außerdem werden alle Abdrücke nebeneinander auf ein großes Blatt gesetzt und mit den Namen ihrer Besitzer versehen. Die Karteikarten werden anschließend gemischt, und jeder darf eine ziehen. Nun muss man herausfinden, zu wem der Fingerabdruck passt. Dazu wird der Abdruck auf der Karteikarte mit dem Abdruck auf dem Blatt verglichen.

Wörterdetektiv

Material
alte Zeitungen
und Zeitschriften,
Buntstifte

Detektive sind schlaue, schnelle Beobachter. In der ersten Spielrunde ist das Geburtstagskind der Oberdetektiv. Er verteilt an seine Kollegen je eine Doppelseite aus einer Zeitung oder ein paar Blätter aus einer Illustrierten. Außerdem bekommt jeder einen Buntstift. Dann legt der Oberdetektiv ein Wort fest, das es zu suchen gilt. Wer das Wort in seinem Zeitungsbogen zuerst gefunden hat, ruft laut »Stopp« und zeichnet es mit dem Buntstift an. Dieser Mitspieler bekommt fünf Punkte. Wer das gesuchte Wort als Nächstes findet, bekommt drei Punkte, der dritte noch einen Punkt. Wer als Oberdetektiv dreimal hintereinander ein Wort vorgibt, das keiner finden kann, wird abgelöst. Gemeinsam wird dann ein neuer Oberdetektiv bestimmt. Ansonsten wird der Detektiv, der nach mehreren Runden als erster zwölf Punkte erreicht hat, Oberdetektiv. Er verteilt neue Zeitungsseiten.

Beobachtungsgabe

Der Oberdetektiv hat aus alten Zeitschriften ein paar Bilder herausgerissen, die er seinen Kollegen zeigt. Zu jedem Bild erzählt er eine kurze Geschichte, zum Beispiel dass die Frau mit dem Hund gerade vom Frisör kommt und nun zu einer Verabredung mit ihrer Freundin geht. Nachdem auf diese Weise etwa fünf Bilder besprochen wurden, fragt der Oberdetektiv seine Kollegen ab. Sie müssen sich beispielsweise daran erinnern, was die Frau mit dem Hund anhatte, ob sie eine Tasche oder eine Einkaufstüte trug und so weiter. Wer sich besonders gut erinnern kann, darf als Nächster Oberdetektiv sein, ein paar Bilder aussuchen und vorstellen.

Material
Bilder aus Zeitschriften, Notizblöcke, Stifte

Stückelbriefe

Erpresserbriefe werden häufig aus Zeitungsausschnitten zusammengestückelt. Um sich in die Psyche von Erpressern einzuleben und ihre Arbeitsweise kennen zu lernen, stellen die Detektivinnen und Detektive ebenfalls einen Erpresserbrief zusammen. Jeder Partyteilnehmer bekommt ein Blatt Papier, eine Zeitung, Schere und Klebstoff. Wenn alle ihren Erpresserbrief fertig haben, werden sie verdeckt auf einen Stapel gelegt. Das Geburtstagskind liest nacheinander die Briefe vor, und alle raten, wer welchen Brief verfasst haben könnte.

Material
Schreibblöcke, alte Zeitungen und Zeitschriften, Scheren, Klebstoff

Geheimschrift

Material
Notizblöcke,
Kugelschreiber,
Bleistifte

Jeder Partygast notiert auf seinem Block ein paar Zeilen einer wichtigen Botschaft. Er schreibt dabei mit einem Kugelschreiber und drückt fest aufs Papier. Außerdem achtet er darauf, dass niemand auf sein Blatt schaut. Dann reißt jeder das beschriebene Blatt vom Notizblock ab und steckt es in die Hosentasche. Die Blöcke werden jetzt nach rechts oder links weitergegeben. Mit dem Bleistift versucht nun jeder Detektiv, die Botschaft auf dem leeren obersten Blatt des Schreibblocks sichtbar zu machen. Dazu wird die Seite der Bleistiftspitze vorsichtig übers Blatt geführt, und siehe da, der Text erscheint! Alle lesen die nun sichtbare Botschaft laut vor.

Spiegel-Uhrzeit

Schnelles Kombinieren und Flexibilität im Denken sind Fähigkeiten, die jeder Detektiv beherrschen muss, um erfolgreich zu sein. So ist es beispielsweise wichtig, auf einen Blick die richtige Uhrzeit zu erkennen, auch wenn sie spiegelverkehrt dargestellt wird: Eine Wanduhr in einem anderen Zimmer wird mit Hilfe eines Spiegels auf den Flur

Material
Wanduhr,
Spiegel,
Notizblöcke,
Stifte

projiziert. Die Detektive gehen nacheinander am Spiegel vorbei, dürfen nur kurz hineinschauen und notieren sich dann die Uhrzeit. Sie können die richtige Uhr nicht sehen, die nun nochmals verstellt wird. Dann darf wieder jeder einen kurzen Blick auf die Uhr werfen und die Uhrzeit aufschreiben. Wer hat die Uhrzeiten richtig erkannt?

Rätselhafte Texte

Ungewöhnliches ist für Detektive alltäglich, und so sind auch rätselhafte Texte kein großes Problem für einen Meister des Fachs. Normalerweise sind die Wortabstände an den richtigen Stellen, und die Wörter sind mal groß, mal klein geschrieben. Texte, bei denen das nicht so ist, »sindn ich tga nzeinf ach zul esen«. Jeder der Partygäste schreibt ein paar Zeilen in dieser Art, und dann werden die Briefe ausgetauscht und verdeckt auf den Tisch gelegt. Nacheinander nimmt jeder ein Blatt, dessen Text er nicht kennt, und liest es sofort laut und so fließend wie möglich vor.

Material
Schreibblöcke,
Stifte

Was hat sich verändert?

Alle Detektivinnen und Detektive schauen sich genau in einem Zimmer des Hauses um. Sie versuchen, sich so viele Details wie möglich zu merken. Dann gehen sie hinaus, und das Geburtstagskind verändert zehn Details im Raum, die deutlich zu erkennen sind. Es kann zum Beispiel die Uhrzeit der Standuhr ändern, einen Stuhl um ein gutes Stück verrücken oder eine Vase vom Tisch auf den Boden stellen. Danach kommen alle wieder herein und notieren auf ihren Notizblöcken, was verändert wurde. Wer die meisten Veränderungen entdeckt, darf als Nächster die Gegenstände umarrangieren.

Material
Notizblöcke,
Stifte

113

Detektiv-Alphabet

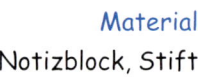

Aus den Buchstaben Z, R, M, W, N, P, H, A, I, E, U und O sol len alle Detektive so viele Wörter wie möglich bilden. Die Buchstaben dürfen dabei auch doppelte Verwendung finden also beispielsweise: Hai, Papier, Wanze ... Nach fünf Minuten wird geprüft, wer am meisten Begriffe hat. Für jeden Begriff gibt es einen Punkt; wer einen Begriff gefunden hat, den die anderen nicht aufgelistet haben, bekommt dafür zwei Punkte

Autokennzeichen vertexten

Material
großes Blatt
Papier, Notiz-
blöcke, Stifte

Detektive müssen sich Buchstabenfolgen schnell einprägen können. Dazu nehmen sie eine Eselsbrücke zu Hilfe: Sie bilden aus den Buchstaben einen Satz, dessen Wörter mit die sen Buchstaben beginnen. Das funktioniert zum Beispiel auch bei Nummernschildern gut. Das Geburtstagskind zeichnet auf ein großes Blatt Papier mehrere Autonummernschilder, etwa B ES 312 oder K-MS 1239. Das Blatt wird in die Mitte des Tisches gelegt, und alle Partygäste bilden nun aus den Buchsta ben kleine Sätze, etwa »Bären essen Schnecken« oder »Küss meine Schwester«. Wer die besten Ideen hat, darf als Nächster Autokennzeichen aufmalen.

Pizza für viel beschäftigte Detektive

Zutaten
Für den Teig:
600 g Mehl, 40 g
Hefe, $1/4$ l lau-
warmes Wasser,
1 TL Salz,
4 EL Olivenöl.
Für den Belag:
1 kg Tomaten (aus

Das Mehl in eine große Schüssel sieben und in die Mitte eine Mulde drücken, in die die Hefe gebröselt wird. Das lau warme Wasser hinzufügen und alles zu einem Teig verkneten Den Teig in der Schüssel mit einem Tuch zudecken und gehen lassen, bis er Risse bekommt. Salz und Öl zugeben und den Teig gut durchkneten, bis er elastisch ist. Den Teig in der Schüs sel an einem warmen Ort noch einmal gut 20 Minuten gehen lassen. Dann den Teig auf einer bemehlten Arbeitsfläche dünn ausrollen und auf zwei leicht gefettete Backbleche geben. Die klein geschnittenen Tomaten auf dem Teig verteilen, mit Salz, Pfeffer und Oregano würzen. Salami- und Schinkenscheiben, Zwiebelringe, Oliven und Mozzarellascheiben darauf verteilen. Zum Schluss mit Öl beträufeln. Die Pizza auf der mittleren Schiene bei mindestens 220 Grad im vorgeheizten Ofen etwa 20 Minuten backen. Im Umluftherd können die beiden Pizzableche gleichzeitig gebacken werden.

der Dose), Salz, Pfeffer, Oregano, 200 g Schinken und Salami, 2 Zwiebeln, Oliven, 1 Packung Mozzarella, Olivenöl

Geheimbotschafts-Törtchen

Die Butter schaumig rühren. Zucker, Vanillezucker und Eier dazugeben und rühren, bis die Masse cremig ist. Das mit Backpulver und Speisestärke gemischte Mehl unter die Masse rühren. Die Törtchen-Backformen einfetten und zu etwa drei Viertel mit dem Teig füllen. In die Hälfte der Törtchen einen Zettel stecken, der mit einer Botschaft beschrieben ist. Alle Törtchen im vorgeheizten Backofen bei 180 Grad etwa 15 Minuten backen. Die Törtchen nach dem Auskühlen mit Kuvertüre bestreichen. Auf alle Törtchen, in denen eine Botschaft steckt, mit der Zuckerschrift ein Ausrufezeichen malen.

Zutaten
300 g Butter, 200 g Zucker, 1 Päckchen Vanillezucker, 6 Eier, 1 $1/2$ TL Backpulver, 120 g Speisestärke, 180 g Mehl, Öl, Kuvertüre, Zuckerschrift, 18 Papier-Backförmchen

Drinks für Detektive

Auf einem Extratischchen werden verschiedene Karaffen mit unterschiedlichen Fruchtsäften bereitgestellt, außerdem Mineralwasser, eine Schale mit Eiswürfeln, ein Schüsselchen mit Orangenscheiben und eines mit Zitronen- oder Limettenscheiben. Daneben steht eine Auswahl Gläser, sodass sich die Detektive selbst bedienen und sich ihre Drinks nach eigenen Vorstellungen mixen können.

Zutaten
verschiedene Fruchtsäfte, Mineralwasser, Eiswürfel, Orangen- und Zitronenscheiben

115

WINTER

Eskimofest

An manchen Wintertagen ist es auch bei uns so kalt, dass wir zumindest eine Ahnung davon bekommen können, wie das Leben der Eskimos in den nördlichsten besiedelten Gebieten unseres Planeten über einen großen Teil des Jahres aussieht. Eskimos oder Inuit, wie sie sich selber nennen, sind die Indianer des Nordens. Über lange Zeit haben sie sich an das Leben in der Nordpolregion angepasst, wo das ganze Jahr über Eis, Schnee und Minustemperaturen den Alltag bestimmen. Noch heute erlegen sie mit Speeren und Pfeil und Bogen Fische oder Robben. Sie sind geschickte Jäger und Kanufahrer und verstehen es, in den kurzen Sommermonaten genug Wintervorräte anzulegen beziehungsweise selbst im tiefen Winter genug zu erbeuten. Die Kunst, in der unwirtlichen Gegend des Nordpols auf ganz eigene Weise zu leben, fasziniert alle Kinder, und so trifft ein Eskimofest sicher auf große Begeisterung.

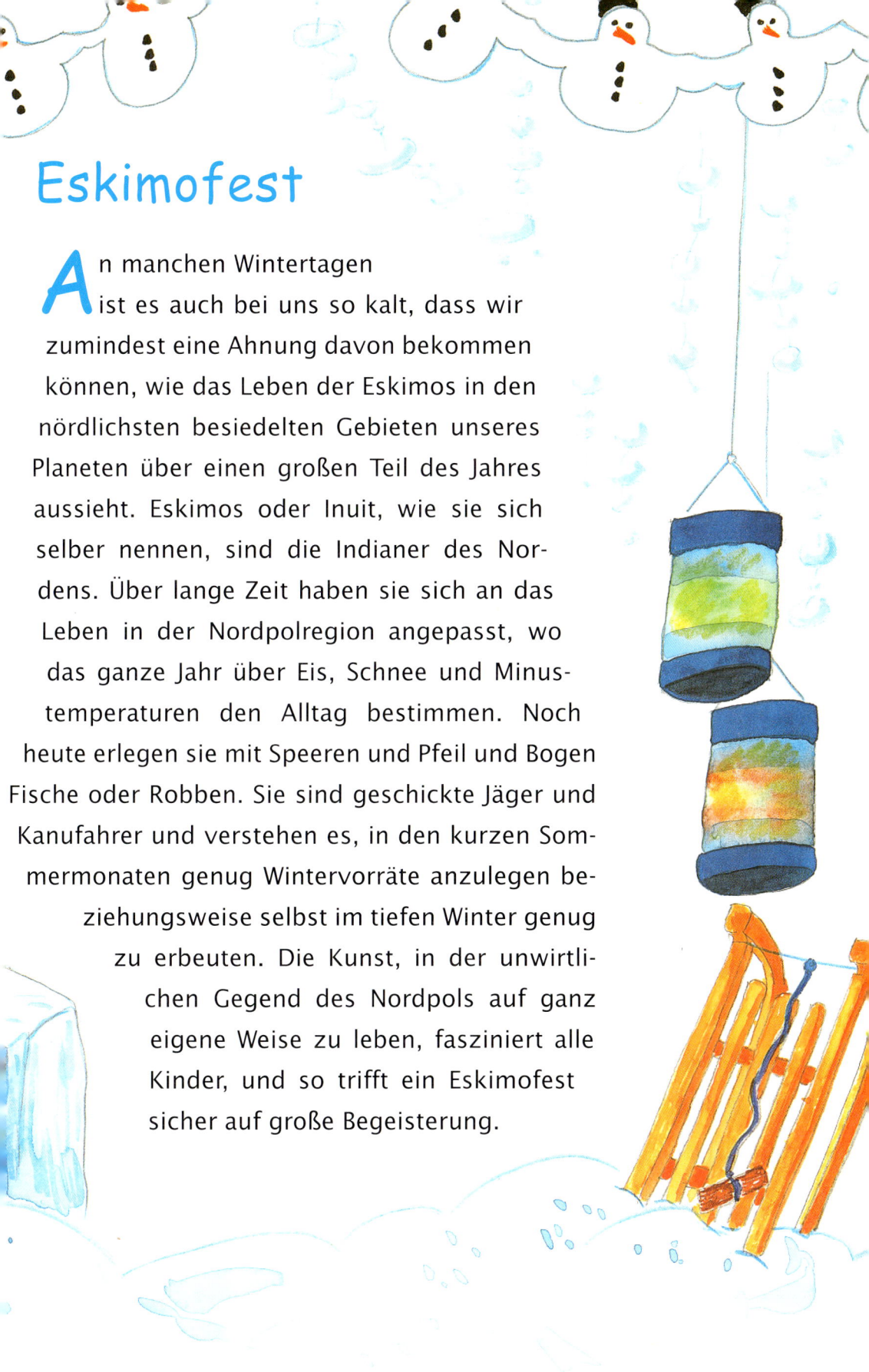

Dekoration und Vorbereitung

Weiß ist die vorherrschende Farbe in den kalten Regionen des Nordpols, und so ist der Festraum auch vor allem in Weiß gehalten. Alle Möbelstücke sind mit weißen Tischdecken oder weißen Bettlaken bedeckt. Auf dem Tisch stehen weißes Geschirr und weiße Trinktassen, und von der Decke hängen viele unterschiedlich lange Fäden weißes Nähgarn, auf die Wattebäuschchen wie fallende Schneeflocken aufgereiht sind. An den Fenstern kleben Eiskristalle aus Papier (–> Seite 119) in verschiedenen Formen und Größen. Auf Fensterbänken und Regalen stehen Teelichter in Gläsern, die mit weißem Transparentpapier beklebt sind. Farben kommen bei so viel Weiß besonders gut zur Geltung, und so kann der Platz des Geburtstagskinds mit einem roten Teller oder einer anderen farbigen Kleinigkeit einfach, aber effektvoll hervorgehoben werden. Auch das Farbenspiel des Polarlichts kommt durch ein paar Polarlicht-Laternen (–> Seite 119) gut zur Geltung.

Material
weiße Tischtücher oder Bettlaken, weißes Nähgarn, Watte, Teelichter, Gläser, weißes Transparentpapier, Klebstoff

Einladungskarten

Aus dem Tonkarton werden postkartengroße Einladungskarten geschnitten. Das weiße Tonpapier wird in kleine Rechtecke zerschnitten, die als Bausteine für einen Iglu verwendet werden, und in Schnipsel zerrissen, die Schneeflocken darstellen sollen. Auf die Vorderseite der Einladungskarte wird aus den kleinen Rechtecken ein runder Iglu aufgeklebt (Eingang nicht vergessen). Rund um den Iglu werden Klebstofftupfer auf den Karton gesetzt, auf die man die Schneeflocken drückt. Dann wird Glitzerpulver darüber gestreut, wodurch ein glitzernd-kalter Effekt entsteht. Wer will, kann noch einen Eisbären dazumalen. Auf die Rückseite der Karte kommt der Einladungstext.

Material
dunkelblauer Tonkarton, weißes Tonpapier, Glitzerpulver, Schere, Klebstoff

Große Eiskristalle

Aus den Tonpapierblättern werden Quadrate geschnitten und diese dreimal zusammengefaltet. Mit der Schere wird nun an der offenen Seite ein gezacktes, bizarres Muster eingeschnitten. Je tiefer geschnitten wird, desto filigraner erscheint nach dem Auffalten des Papiers der entstandene Eiskristall. Mit solchen Eiskristallen können Fenster, Spiegel und Gläser geschmückt werden.

Material
hellblaues und weißes Tonpapier, Schere

1

2

3

4

Polarlicht-Laterne

Als Boden der Laterne wird aus einem Stück Karton eine Scheibe ausgeschnitten. Zwei Kartonstreifen, deren Länge dem Scheibenumfang entspricht, werden zum oberen beziehungsweise unteren Ring zusammengetackert. Zwei weitere Streifen verbinden die beiden Ringe wie Stützpfeiler miteinander. Am unteren Ring wird der Boden der Laterne festgeklebt, dann werden die Seitenwände der Laterne aus grünem und blauem oder rotem und blauem Papier gestaltet, das am oberen und unteren Ring festgeklebt wird. Am oberen Rand befestigt man einen Blumendraht, an dem die Laterne aufgehängt wird. Von oben kann jetzt ein Teelicht hineingestellt und angezündet werden.

Material
Karton, Schere, Klebstoff, Tacker, Teelichter, grünes, blaues und rotes Transparentpapier, Blumendraht

119

Einen Iglu bauen

Material
Schnee,
Schneeschippen,
Plastikeimer,
Messer

Wenn genügend Schnee liegt, der nicht zu trocken und nicht zu schwer ist, sollten alle gemeinsam einen Iglu bauen. Dazu wird Schnee in die Plastikeimer geschippt und festgeklopft. Die Eimer werden an der Stelle gestürzt, an der die Schnee-Bauteile gebraucht werden. Reihe für Reihe im Kreisrund leicht nach innen versetzt, entsteht so in Gemeinschaftsarbeit der Iglu, in den zum Schluss mit einem Messer der Eingang geschnitten wird.

Bilder im Schnee

Material
Wasserpistolen
oder Plastik-
spritzen, Lebens-
mittelfarbe,
Schnee

In mehreren Gefäßen wird Wasser mit Lebensmittelfarbe unterschiedlich eingefärbt: rot, grün, gelb, blau, lila und so weiter. Dann werden Spritzpistolen oder Plastikspritzen mit je einer Farbe gefüllt, und alle Kinder gehen gemeinsam hinaus, um in die Schneedecke im Garten oder Hof ein buntes Wasser-Winterbild zu malen. Das Geburtstagskind darf bestimmen, welches Motiv gemalt werden soll.

Winterstarre

Alle Kinder laufen im Raum oder im Freien innerhalb eines begrenzten Spielfelds umher. Ein Kind stellt den Winter dar und muss versuchen, die anderen Kinder zu fangen. Wen es an der Schulter berührt, der verfällt sofort in Winterstarre und muss regungslos stehen bleiben. Das zuletzt berührte Kind stellt in der nächsten Spielrunde den Winter dar.

Schneefamilie

Alle Partygäste laufen warm angezogen nach draußen in den Schnee und bauen nicht nur einen Schneemann, sondern eine ganze Schneefamilie. Wenn mindestens zwei große und zwei kleine Schneemänner beziehungsweise -frauen und -kinder nebeneinander stehen, stellen sich alle in etwa fünf Meter Entfernung auf und werfen die Steine auf die Schneefiguren. So erhält die Schneefamilie Augen, Nase, Mund, Knöpfe und weitere Muster aus Steinen.

Material
Schnee, kleinere Steine

Bunte Eistürme

Möglichst viele Eiswürfelschalen werden mit Wasser gefüllt, das mit ein paar Tropfen Lebensmittelfarbe eingefärbt wurde. Die Eiswürfelschalen kommen ins Tiefkühlfach, und nach ein paar Stunden stehen den kleinen Eskimos viele bunte Eiswürfel zur Verfügung. Aus diesen Eiswürfeln und aus Schnee werden im Garten oder in einer großen Wanne im Zimmer schöne bunte Eistürme gebaut. Die Türme können zum Schluss von hinten mit einem brennenden   Teelicht beleuchtet werden.

Material
Eiswürfelschalen, Lebensmittelfarbe, evtl. große Wanne

Rettende Eisschollen

Material
Zeitungspapier

Mehrere ganze und halbe Seiten Zeitungspapier werden als Eisschollen auf dem Boden, dem Wasser, verteilt. Das Geburtstagskind mimt den Eisbären, der am Rand der Spielfläche steht, alle anderen Kinder sind Robben, die zwischen den Zeitungsseiten umherlaufen. Beim Ruf »Der Eisbär kommt!« retten sich alle Robben auf die Eisschollen. Auf einer großen Eisscholle dürfen höchstens drei Kinder stehen, auf einer kleinen höchstens zwei. Erwischt der Eisbär eine Robbe im Wasser, muss sie in der nächsten Runde den Eisbären spielen.

Ein kleiner Eskimo

Die Kinder teilen sich in Dreiergruppen, und alle singen gemeinsam das folgende Lied und klatschen. Zwei Kinder einer Gruppe stellen die Eskimos dar, das dritte ist der Eisbär.

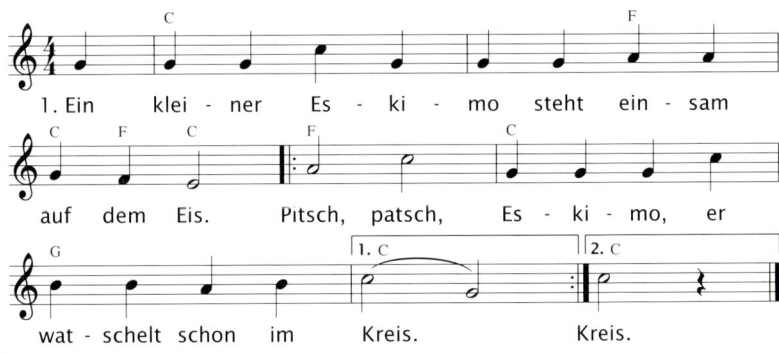

1. Ein klei - ner Es - ki - mo steht ein - sam auf dem Eis. Pitsch, patsch, Es - ki - mo, er wat - schelt schon im Kreis. Kreis.

2. Und der Nordwind weht übers weite Meer.
   Pitsch, patsch, Eskimo, da friert er aber sehr. (2 x)
3. Und er sucht sich einen anderen Eskimo.
   Pitsch, patsch, Eskimo, sie kitzeln sich am Kinn. (2 x)
4. Horch, wer brummt denn da, das muss der Eisbär sein.
   Pitsch, patsch, Eskimo, sie machen sich ganz klein. (2 x)
5. Und der Eisbär tappt schon herein und schleckt.
   Pitsch, patsch, Eskimo, da laufen beide weg. (2 x)

Rätselhafter Würfel

Nur das Geburtstagskind weiß zunächst, die Augen des Würfels richtig zu deuten. Es würfelt beispielsweise eine 2 und sagt: 2 Eskimos. Dann gibt es den Würfel weiter an das nächste Kind, das eine 3 würfelt. Das Kind sagt natürlich: 3 Eskimos. Aber das ist falsch. Ohne Begründung, weshalb das falsch ist, wird der Würfel an den nächsten Spieler weitergereicht, der seinerseits würfelt. Er würfelt beispielsweise eine 4 und sagt: 4 Eskimos. Das ist richtig, und das nächste Kind ist an der Reihe. Mit der Zeit erraten vielleicht die Kinder, wie gezählt wird: Erscheint ein Würfelpunkt in der Mitte, ist es ein Loch im Eis (das nicht genannt und nicht gezählt wird), alle anderen Würfelaugen sind Eskimos. Die 1 ist also kein Eskimo, die 2 sind zwei Eskimos, die 3 sind zwei Eskimos, die 4 sind vier Eskimos, die 5 sind vier Eskimos und die 6 sind sechs Eskimos. Nach ein paar Würfelrunden erklärt das Geburtstagskind die Regel.

Material
Würfel

Würfelzucker-Iglus

Die Kinder teilen sich in zwei Eskimogruppen, die alle um einen Tisch sitzen. Jede Gruppe hat eine Packung Würfelzucker. Dann beginnt die Gruppe mit dem Geburtstagskind, einen Ring aus 25 Zuckerwürfeln zu legen, während die andere Gruppe würfelt. Hat sie eine 6 gewürfelt, darf die andere Gruppe beginnen, 25 Zuckerwürfel in einen Kreis zu legen, während bei der ersten Gruppe der Bau des Würfelzucker-Iglus stoppt und versucht wird, eine 6 zu würfeln. So geht das Spiel hin und her, und wenn beide Gruppen ihren Iglu fertig haben, ist es beendet. Beim Bau des Iglus muss darauf geachtet werden, dass die Zuckerwürfel der Folgereihen immer auf die Lücken der Würfel der darunter liegenden Reihe und außerdem ein wenig nach innen versetzt gelegt werden.

Material
zwei Packungen Würfelzucker, Würfel

Den Eisbären füttern

Material
großer
Verpackungs-
karton, Schere,
Klebstoff,
Fingerfarben,
Tischtennisbälle

In die Seitenfläche des Kartons wird eine runde Öffnung als Eisbärenmaul geschnitten, oben auf dem Karton werden zwei Eisbärenohren angeklebt, bevor der ganze Karton weiß bemalt und schließlich Augen und Schnauze des Eisbären aufgemalt werden. Alle Kinder stellen sich der Reihe nach auf und bekommen ein paar Tischtennisbälle. Aus einem Abstand von drei bis fünf Metern darf nun jeder versuchen, mit seinen Bällen ins Eisbärenmaul zu treffen.

Schneeschuhlauf

Material
Bretter, Schnüre

Die Kinder teilen sich in Zweiergruppen auf. Jede Gruppe bekommt zwei etwa einen Meter lange Bretter, die sich die Kinder hintereinander stehend mit den Schnüren an den Schuhen festbinden. Jetzt müssen sie gemeinsam losgehen, wobei sich das hintere Kind am vorderen festhält. Egal ob viel, wenig oder kein Schnee liegt, der Schneeschuhlauf ist nicht einfach und muss ein bisschen geübt werden. Wenn sich die Gruppen etwas eingelaufen haben, treten alle in einem Schneeschuh-Geschicklichkeitslauf gegeneinander an. Dabei müssen verschiedene Hindernisse umrundet werden. Gewonnen hat die Gruppe, die am schnellsten in das vorab festgelegte Ziel einläuft.

Zutaten
je 1 Flasche
Johannisbeer-
und roter
Traubensaft,

Eskimotrunk

Die Säfte in einen Topf geben und erwärmen, den Saft der Orange und der Zitrone dazugeben und den Vanillezucker

124

unterrühren. Dieser Eskimotrunk wird warm gereicht, und wem er immer noch nicht süß genug ist, der kann ihn mit etwas Honig nachsüßen.

1 Orange, 1 Zitrone, 1 Päckchen Vanillezucker, Honig

Fischfrikadellen

Die Vollkornbrötchen etwa eine Stunde in Wasser einweichen und dann gut ausdrücken. Die Brötchen, das in Stücke geschnittene Fischfilet, die geschnittene Zwiebel, etwas Dill und Schnittlauch und die Eier in einem Mixer oder mit dem Mixstab gut verrühren. Mit Salz und Pfeffer würzen. Mit bemehlten Händen aus der Masse 15 flache Frikadellen formen, die kurz in einem Schüsselchen mit Mehl gewendet werden. Die Frikadellen werden in heißem Öl von beiden Seiten etwa fünf Minuten gebraten und im Herd warm gehalten. Wenn alle Frikadellen fertig sind, werden sie in aufgeschnittenen Brötchen den hungrigen Eskimos serviert.

Zutaten
3 Vollkornbrötchen vom Vortag, 600 g Fischfilet (Seelachs), 1 große Zwiebel, Dill, Schnittlauch, 3 Eier, Salz, Pfeffer, 50 g Weizenvollkornmehl, Öl zum Braten, 15 Brötchen

Schneebälle

Die Zitronen heiß waschen, abtrocknen und dann die Schale an der Zitronenreibe abreiben. Nussbutter, gemahlene Haselnüsse und Mandeln, zwei Drittel der Kokosflocken, die abgeriebene Schale der gewaschenen Zitronen und das Mark der Vanilleschote in einer Schüssel gut vermengen. Aus der Masse runde Bällchen formen und in einem Schüsselchen mit den übrigen Kokosflocken wälzen. Im Kühlschrank kalt stellen.

Zutaten
1 unbehandelte Zitrone, 250 g Nussbutter, 100 g gemahlene Haselnüsse, 50 g gemahlene Mandeln, 150 g Kokosflocken, 1 Vanilleschote

Hinweise zur CD-ROM

Die Installation der CD-ROM »Kinderfeste und Kinderspiele« ist denkbar einfach. Sie brauchen die CD-ROM nur einmal zu installieren, alles Weitere erfolgt direkt von Ihrem PC aus.

1 Installation der Software auf Ihren PC

Legen Sie einfach die CD-ROM in das CD-ROM- oder DVD-ROM-Laufwerk Ihres PCs ein. Die CD-ROM verfügt über eine Unterstützung der Autostart-Funktion und startet somit nach wenigen Sekunden automatisch.

Hinweis: Sollte die CD-ROM nicht automatisch starten, dann ist an Ihrem PC die Autostart-Funktion deaktiviert. Aktivieren Sie die Autostart-Funktion (–> Windows-Hilfe), oder starten Sie einfach die CD-ROM von Hand (–> Punkt 2).

Nach dem automatischen Start der CD-ROM erscheint das Installationsmenü. Das Installationsmenü installiert die Software weitgehend vollautomatisch auf Ihren PC. Sie können jedoch verschiedene Einstellungen steuern, z. B. in welches Verzeichnis oder auf welches Laufwerk die Software installiert werden soll. Folgen Sie einfach den Anweisungen auf dem Bildschirm, und klicken Sie entsprechende Optionen an.

2 Manueller Start der Softwareinstallation auf Ihren PC

Ist die Autostart-Funktion Ihres PCs deaktiviert, so starten Sie die Installation der Software manuell. Dazu klicken Sie mit der Maus auf das »Start«-Icon in der Statuszeile von Windows, anschließend klicken Sie auf »Ausführen«. Jetzt öffnet sich das »Ausführen«-Fenster. Klicken Sie auf »Durchsuchen«, und öffnen Sie Ihr CD-ROM-Laufwerk (bei den meisten Computern ist dies das Laufwerk D). Nun klicken Sie mit Doppelklick auf die Datei »Setup.exe«. Die automatische Installationsroutine wird jetzt starten. Bitte folgen Sie den Anweisungen auf dem Bildschirm.

3 Hilfe – ich komme nicht weiter!

Die Software »Kinderfeste und Kinderspiele« ist in der Bedienung sehr einfach und intuitiv aufgebaut. In der Software und auf der CD ROM finden Sie bei Fragen und ersten Problemen schnelle und sichere Hilfe.

- Onlinehilfe in der Software: Sie benötigen Hilfe – klicken Sie einfach auf die Funktionstaste F1 (die F1-Taste finden Sie in der obersten Reihe der Normtastatur).

- Kurzreferenz aus der PDF-Datei: Sie möchten sich vielleicht vorher kurz in die Bedienung der Software einlesen. Hierzu finden Sie auf der CD-ROM im Unterverzeichnis »Hilfe« die Datei »Erste Schritte.pdf«. Klicken Sie einfach mit Doppelklick auf diese Datei. Nun wird der Adobe Acrobat Reader starten und die Datei anzeigen. Sollte auf Ihrem PC noch kein Adobe Acrobat Reader installiert sein, so finden Sie jetzt die Gelegenheit, dieses in jedem Fall äußerst nützliche Anwenderprogramm zu installieren: Die deutsche Version 4.0 finden Sie im Verzeichnis »Acrobat Reader« fertig zur sofortigen Installation.

Falls gar nichts mehr geht: Dafür haben wir eine telefonische Hotline eingerichtet. Sie erreichen die Hotline unter Tel. 0821-7004-8441.

Der Autor

Martin Stiefenhofer studierte Germanistik und Pädagogik und arbeitete zunächst am Erziehungswissenschaftlichen Institut und an der Pädagogischen Hochschule in Heidelberg. Er ist freier Redakteur in Freiburg und hat zahlreiche Bücher zum Thema Erziehung und Pädagogik verfasst.

Die Illustratorin

Kirsten Straßmann studierte Kommunikationsdesign und arbeitete mehrere Jahre mit viel Kreativität und Erfolg in einer Werbeagentur. Mittlerweile freiberuflich tätig, illustriert und gestaltet sie auch Kinderbücher, aus denen ihre Fantasie, ihre Liebe zum Detail und viel Einfühlungsvermögen sprechen. Ihre Arbeit wurde mit der »Berliner Type« gewürdigt – eine in Grafikerkreisen begehrte Auszeichnung.

Haftungsausschluss

Die Inhalte dieses Buches sind sorgfältig recherchiert und erarbeitet worden. Dennoch kann weder der Autor noch der Verlag für die Angaben in diesem Buch eine Haftung übernehmen.

Quellennachweis

Die Rezepte »Pfannkuchen heiß und kalt«, Seite 65, sowie »Geheimbotschaftstörtchen«, Seite 115, sind entnommen aus: Heidemarie Brosche: Tolle Kinderfeste. © Weltbild Verlag. Augsburg 1999, Seite 44, 100.

Impressum

Es ist nicht gestattet, Abbildungen und Texte dieses Buches zu digitalisieren, auf PCs oder CDs zu speichern oder auf PCs/Computern zu verändern oder einzeln oder zusammen mit anderen Bildvorlagen/Texten zu manipulieren, es sei denn mit schriftlicher Genehmigung des Verlages.

Weltbild Buchverlag, Originalausgaben
© 2001 Verlagsgruppe Weltbild GmbH, Augsburg
Alle Rechte vorbehalten

Projektleitung: Friederike Lutz
Redaktion: Uschi Klocker
Layout · DTP · Umschlag: Kirsten Straßmann
Reproduktion: Repro Mayr, Donauwörth
Druck und Bindung: Offizin Andersen Nexö – ein Betrieb der INTERDRUCK Graphischer Großbetrieb GmbH, Leipzig

Gedruckt auf chlorfrei gebleichtem Papier

Printed in Germany

ISBN 3-89604-459-1

STICHWORTVERZEICHNIS